KB221115

매일 5분 대화로 시작하는
공부 머리 키워주는 놀이 수학

만 2세부터
시작하는
수학력

저자 우에노 요시아키 | 감수 김태훈

YoungJin.com Y.
영진닷컴

만 **2세부터** 시작하는 **수학력**

Original Japanese title:
KODOMO NO "SUGAKURYOKU" GA SHIZEN NI SODATSU 2 SAI KARANO KOTOBAGAKE
Copyright © Yoshiaki Ueno 2023
Original Japanese edition published by Nippon Jitsugyo Publishing Co., Ltd.
Korean translation rights arranged with Nippon Jitsugyo Publishing Co., Ltd.
through The English Agency (Japan) Ltd. and Lee & Lee Foreign Rights Agency

ISBN 978-89-314-7821-1

독자님의 의견을 받습니다.

이 책을 구입한 독자님은 영진닷컴의 가장 중요한 비평가이자 조언가입니다. 저희 책의 장점과 문제점이 무엇인지, 어떤 책이 출판되기를 바라는지, 책을 더욱 알차게 꾸밀 수 있는 아이디어가 있으면 팩스나 이메일, 또는 우편으로 연락주시기 바랍니다. 의견을 주실 때에는 책 제목 및 독자님의 성함과 연락처(전화번호나 이메일)를 꼭 남겨주시기 바랍니다. 독자님의 의견에 대해 바로 답변을 드리고, 또 독자님의 의견을 다음 책에 충분히 반영하도록 늘 노력하겠습니다.

주 소 : (우)08512 서울특별시 금천구 디지털9길 32 갑을그레이트밸리 B동 10층 (주)영진닷컴
이메일 : support@youngjin.com
※ 파본이나 잘못된 도서는 구입처에서 교환 및 환불해드립니다.

STAFF
저자 우에노 요시아키 | **감수** 김태훈 | **총괄** 김태경 | **진행** 한지수, 김서정 | **디자인·편집** 김효정
영업 박준용, 임용수, 김도현, 이윤철 | **마케팅** 이승희, 김근주, 조민영, 김민지, 김진희, 이현아
제작 황장협 | **인쇄** 제이엠

이 책은 아이들의 '수학적 능력'이 자연스럽게 자라나는 만 2세부터의 수학을 주제로 하고 있습니다.

아이들은 주변에서 일어나는 현상 속에서 '3'까지의 작은 수를 인지하고, 이를 바탕으로 판단하는 힘을 갖고 태어나지요.

이렇게 타고난 능력을 바탕으로 아이의 생각하는 힘, 찾아내는 힘의 '싹'을 크게 키우려면 부모로서 어떤 노력을 기울여야 할까요?

아이의 '수학력'은 일상의 사소한 '사건'에 대한 관심에서 시작됩니다. 그리고 차츰 나이에 맞는, 그 아이만의 '수학적 세계'를 마음속에 만들어 조금씩 넓혀가는 것이지요. 아이의 마음속에 싹트고 자라나는 이러한 수학력은 부모와 아이가 안심할 수 있는 환경 속에서, 일상 속 사소한 말 한마디를 계기로 점점 더 성장해 나갑니다. 이 책의 주제인 아이의 수학력은 이른바 학교 교과로서의 수학적 '학력學力'과는 조금 다릅니다.

우리 어른들은 '수학'이라는 단어를 들으면 교과목으로서의 수학, 과학의 한 분야로서의 수학을 떠올리는 경우가 많지요. 하지만 아이가 마음속에 만들어 가는 수학을 접하고 그 세계를 확장해 나가기 위해서는 부모 자신이 예전에 배웠던 수학적 지식이나 이미지에 얽매이지 않는 것이 좋을지도 모릅니다.

초등학교에서 수학을 가르치는 방법이 시대에 따라 발전하고 있고, 예전에 가르치던 방식이 지금은 이루어지지 않는다는 것도 고려해야 할 중요한 요소입니다.

또한 성인이 기억하는 수학의 이미지는 계산 요령이나 편리한 공식 등 학습의 결과로 정답을 맞히는 결과물에 크게 의존하고 있을 가능성이 높다는 점도 주의해야 합니다. 학습의 과정은 기억으로 남지 않는 것이 일반적입니다.

하지만 만 2세부터 취학 전까지의 아이들은 지금 그 '과정', 수학적 탐구의 한가운데에 있습니다.

아이들은 어른들이 옳다고 생각하는 기존의 지식을 배우고 외우는 것보다, 스스로가 독립적인 작은 과학자가 되어 수와 도형, 규칙성 등 자신에게 신기하게 느껴지는 현상들을 하나하나 경험하고, 실험하고, 확인하는 것에 관심이 있습니다.

당신이 이과 출신이라든가, 수학을 잘했느냐가 육아에 직접적으로 도움이 되는 것은 아닙니다. 반대로 문과라서 숫자는 보기도 싫다는 과거의 기억이나 감정에 사로잡힐 필요도 없습니다. 아이들이 흥미를 느끼는 수학의 세계를 부모도 함께 탐구해 보겠다는 자세로 임하는 것이 중요합니다. 부모도 아이들과 같은 순수한 마음을 가지면 아이와의 일상적인 대화가 흥미를 불러일으키는 즐거운 대화가 될 수 있습니다.

부모와 아이의 대화가 아이의 발달과 인성에 큰 영향을 미친다는 것은 두말할 나위도 없습니다. 아이의 몸을 만드는 것은 음식으로 섭취하는 영양분이지만, 아이의 마음을 만드는 것은 부모와의 일상적인 대화입니다. 인간의 마음은 말을 자양분으로 삼아 성장한다고 해도 과언이 아니지요.

이 책에서는 부모와 자녀 간의 효율적인 대화 요령과 말하기의 힌트가 되는 구체적인 사례뿐만 아니라 아이가 직접 몸을 움직여 참여할 수 있는 다양한 실험과 게임도 소개하고 있습니다. 이 실험과 게임들은 제가 운영하는 '구니타치수학클럽'의 유아반에서 그 효용성을 인정받은 것들입니다.

이러한 활동을 통해 아이들이 지식을 기계적으로 받아들이거나 기억하려고 하는 것이 아니라, 스스로 해보고 납득할 수 있는 아이로 성장하기를 바랍니다. 이 책에서는 실험을 하기 전에 아이가 결과를 먼저 예상하고, 그것을 자신만의 언어로 부담 없이 말할 수 있도록 유도하는 방법을 소개했습니다.

대화에서 말투를 조금만 바꿔도 아이의 두뇌는 활성화되기 시작합니다. 종이접기, 게임, 계산, 그림 그리기 등에 열중하는 아이의 모습을 보면, 우리 아이가 이렇게 집중력이 좋았나 싶을 정도로 집중력이 뛰어나다는 사실에 놀라기도 합니다.

더 높은 수준의 수학이 생활 곳곳에 응용되는 시대가 가까워지고 있습니다. 사람을 가르는 문과와 이과라는 벽은 점점 허물어지는 추세입니다(국내의 경우도 문이과 통합 – 편집자 주). 지금의 아이들이 활약하는 세상에서는 일부 엔지니어나 경제학자 등 연구자들뿐만 아니라 모든 사람이 수학을 활용하고, 수학을 문화로 향유하는 것이 당연시되는 사회가 될 것입니다.

2023년 7월

우에노 요시아키 植野義明

90년대 중반만 해도 외동인 경우는 드물었습니다. 하지만 지금은 그 반대입니다. 자녀가 없는 부부를 심심치 않게 볼 수 있고, 외동이 특별하지 않지요. 자식 한 명 낳아 저마다 내 자녀를 1등으로 키우려고 하니 대한민국에서 아이를 키우는 부모의 마음은 더 불안해질 수밖에 없습니다.

치열한 입시 경쟁이 걱정되고, 그중 상위권을 가르는 수학이 걱정되며, 우리 아이가 혹 수포자가 되지는 않을지 걱정합니다. 설령 그 과정을 통과한다 해도 정말 실력 있는 아이가 될지 부모의 걱정은 끊이질 않습니다.

수학을 두려워하지 않는 아이, 즉 수학력이 있는 아이로 키우기 위해서는 인지능력이 형성되는 유아기 때 수학적 사고 훈련을 하는 것이 중요합니다. 이때 부모가 아이에게 반복 학습을 시키며 공식을 달달 외우게 하면, 아이는 본격적인 수학 공부를 하기도 전에 지쳐버릴 수 있고, 부모가 놀이와 대화를 통해 아이가 수학에 재미를 느끼게 하면, 아이는 수학적 사고를 하는, 수학력이 있는 사람으로 성장하게 됩니다.

수학은 '이과형의 아이'는 잘하고 '문과형의 아이'는 못하는, 수능에서 좋은 점수를 받기 위해 배우는 과목이 아닙니다. 수학은 계산하는 능력을 넘어, 아이들의 인지능력을 향상시키는 최고의 도구이지요.

이 책의 저자이자 일본의 수학자인 우에노 요시아키는 유아의 수학적 사고력을 발전시킬 수 있는 다양한 대화법과 놀이법을 제시하고 있습니다.

유아 시기의 부모와의 대화는, 언어능력뿐 아니라 수학적 사고력을 자극하고 개발하는 밑거름이 될 수 있습니다. 놀이와 같은 자연스러운 대화를 통해 세상을 흥미롭게 바라보기도 하고, 학습에 대한 욕구가 크게 상승하기도 하지요.

폭발적으로 두뇌가 성장하는 유아 시기에는 아이의 수학력을 자극할 수 있는 활동이 필요한데, 이 책이 제시하는 자녀와의 대화법과 놀이 활동이 아이의 인지발달을 위해 효과적인 도움이 될 것입니다.

가랑비에 옷 젖듯 자연스럽게 수학력을 키워주고 싶은 부모라면, 반드시 이 책을 읽으며 아이와 함께 '노는 수학'을 해보시길, 강력히 추천하고 싶습니다.

유튜브 '학교밖김쌤' 운영자,
영재교육 박사 김태훈

목차

제 1 장   '수에 대한 흥미'를 키워주는 말

제 **2** 장　 **'형태에 대한 관심'을 키워주는 말**

제3장 '규칙성'을 찾아내는 말

제 **4** 장 　'생각하는 힘'을 키워주는 말

'수에 대한 흥미'를 키워주는 말

숫자에 대한 흥미를 불러일으키는 단어

'들어가면서'에서 언급했듯이, 아이는 태어날 때부터 '3'까지의 작은 수를 파악할 수 있는 능력을 가지고 있으며, 수에 대한 관심도 타고납니다.

'수 세기'만 해도 쉬운 것부터 다소 어려운 것까지 다양한 단계가 있습니다. 1장에서는 부모의 사소한 말 한마디를 통해 수에 대한 흥미를 일깨우고, 수에 대한 관심을 불러일으킬 수 있는 방법을 구체적인 사례를 통해 알려드립니다.

일상생활에서 기본이 되는 식사 때의 대화, 외출 전 소지품 확인 등 수와 계산에 대한 흥미를 불러일으키는 장면은 다양합니다.

또한 집에서 할 수 있는 간단한 퍼즐이나 게임을 부모와 아이가 함께하는 것만으로도 재미있게 수 감각을 키울 수 있는데, 32쪽의 칼럼에서 소개하는 '벡터 주사위 놀이'는 주변에서 쉽게 구할 수 있는 재료로 만들 수 있으니 아이와 함께 꼭 만들어 보시길 바랍니다.

숫자는 무게, 길이, 속도 등 다양한 종류의 수량과 관련이 있습니다. 눈에 보이는 다양한 사물에 관심이 많은 아이들에게 시각, 청각, 촉각 등 다양한 감각을 통해 수에 대한 흥미와 감각을 길러주는 것은 평생 도움이 될 것입니다. 집에 있는 저울이나 줄자 등을 이용해 아이와 함께 측정하는 즐거움을 경험하고, 측정한 결과에 대해 이야기해 보세요.

조금만 주위를 둘러보면 일상에 다양한 숫자가 넘쳐나고 있음을 알 수 있습니다. 숫자는 사물의 양을 나타낼 뿐만 아니라 위치나 순서를 나타내는 기능도 있습니다. 부모는 아이와의 대화를 통해서 아이가 숫자의 다양한 특징을 알아차리게 할 수 있습니다.

계산은 단순한 기술이 아니라 덧셈과 뺄셈의 의미를 이해하는 데서 시작합니다. "몇 개 남았어?"는 덧셈의 사고방식을 자연스럽게 뺄셈에 적용하고, 자신도 모르는 사이에 뺄셈의 의미를 알게 하는 마법의 말입니다.

1+1이 2가 되지 않을 수도 있다는 아이의 사소한 발견도 현실의 사건을 단순화하여 보여주고, 수학의 역할을 깨닫게 할 수 있는 대화의 계기가 될 수 있지요.

대화나 말투를 조금만 바꿔도 아이와 부모의 대화가 활기를 띠고, 아이의 기대감이 크게 부풀어 오를 수 있습니다. 1장에서 그런 말을 거는(대화를 나누는) 요령에 대해서도 알려드리겠습니다.

"봐봐, 저기 4가 있어"

숫자 찾기 게임을
해보세요

숫자는 일상생활 속에 넘쳐나고 있습니다. 그 점을 아이와 함께 즐겨보세요.

아이는 갑자기 숫자를 읽을 수 있게 되는 것은 아니지만, 주변에서 볼 수 있는 다양한 문자 — 알파벳, ㄱㄴㄷ, 숫자 — 중에서 숫자를 가장 먼저 읽을 수 있게 됩니다. 왜 그럴까요?

간단히 말해서, 숫자는 열 개밖에 없고, 사용 빈도가 높기 때문입니다. 즉, 다른 문자에 비해 눈에 더 잘 띄고, 사용하기에 매우 편리하기 때문이지요. 그래서 벽걸이 달력을 보고 숫자를 외우는 아이도 있고, 전자레인지의 표시를 뚫어져라 쳐다보는 아이도 있습니다. 요즘은 아날로그 시계가 줄어들었지만, 디지털 기기에 표시되는 숫자는 계속 변하기 때문에 오히려 아이들의 흥미를 끌지도 모릅니다.

이제 막 숫자 읽기에 흥미를 느끼기 시작한 아이는 자신이 좋아하는 숫자를 찾으면 기뻐합니다. 이럴 때 아이와 함께 숫자 찾기 게임을 즐겨보세요.

숫자는 각종 제품 포장, 계단 표시, 엘리베이터 버튼 등 우리 주변에서 쉽게 찾아볼 수 있습니다. 만약 4를 찾는 게임을 한다면, "봐봐, 저기 4가 있어. 요트처럼 생겼네"라고 말해줄 수 있어요.

거리를 걷다 보면 귀로도 숫자가 들려옵니다.

"열차가 들어오고 있습니다. 3번 승강장에 계신 분들은 주의하시기 바랍니다."

열차를 좋아하는 아이라면 역무원의 말투를 똑같이 따라 할지도 모릅니다. 그럴 때는 "자, 다음 열차는 상행선일까? 다음은 몇 번 승강장일까?"라고 물으면서 그 자리의 분위기를 함께 즐겨봅시다.

"서울역에는 ○번 승강장이 있어. 다음에 여행을 가면 한번 찾아보자!"

슈퍼마켓의 계산대에 줄을 설 때 아이에게 "몇 번 계산대에 사람이 가장 적을까?" "비어있는 계산대를 찾아볼까?"라고 말하면서 아이가 비어있는 계산대를 찾을 수 있도록 유도해 보세요. 식당에 들어가면 점원이 "몇 명이세요?"라고 묻습니다. 옷을 사러 가면 "몇 살이에요?" "키는 몇 센티미터인가요?"라는 질문을 받게 되지요. 이때 "어, 지호 키는 몇 센티미터였지?"라고 말을 건네면 아이는 숫자가 아주 유용하다는 것을 깨닫게 됩니다. 그런 말을 많이 하면 아이는 숫자는 공부가 아니며, 누구나 사용하는 편리한 것이라고 생각하게 되지요.

집에서도 아이와 함께 가게 놀이를 하며 즐겨보세요.

"노트 주세요."

"네, 몇 권 필요하세요?"

"3권 주세요."

이렇게 대화하다 보면 아이가 "이번엔 내가 가게 주인을 해볼 거야!"라고 말할지도 모릅니다. 그럼 교대로 손님과 가게 주인이 되어 대화를 해보세요. 무엇을 몇 개 살지, 미리 적은 메모를 보면서 쇼핑을 하다 보면, 말로 하는 숫자뿐만 아니라 '문자'로서의 숫자도 접할 수 있게 됩니다. 아직 숫자를 쓸 줄 모르는 아이는 부모가 함께 써주며 도와주세요.

조금 성장한 아이는 10 이상의 숫자에도 흥미를 보이지만, '12'를 보고 '21'이라고 읽는 등 잘 읽지 못하는 경우가 있습니다.

아이는 단어를 익히듯 숫자도 귀로 먼저 익히기 때문에 숫자를 리드미컬하게 들려주는게 좋습니다. 그래야 숫자를 자연스럽게 읽을 수 있습니다.

아이가 능숙하게 "41, 42, 43, …"이라고 숫자를 읽으면 잘 들어주세요. 그리고 다 읽으면 "잘 읽었어. 대단하구나"라고 칭찬해 주세요.

Tip 숫자를 읽어주고, 잘 들어주세요.

"복음밥에는
몇 가지 재료가 들어갈까?"

수를 셀 수 있는
기회를 만들어 보세요

매일 일상적인 대화에서 흥미를 유발할 수 있는 주제를 적용하면 아이가 자연스럽게 셈을 하는 순간을 만들 수 있습니다.

집에 있는 재료로 볶음밥을 만들기로 했다면, 냉장고에서 당근, 양파, 햄, 달걀을 꺼내면서 아이에게 "볶음밥을 만들려면 몇 가지 재료가 필요할까?"라고 물어보세요.

당장 대답하지 못할 때는 "3개인가? 아니면 4개인가?"라고 물으면 아이는 도마 위의 재료를 보고 대답할 거예요. "아, 엄마! 중요한 걸 깜빡했어. 밥이 없으면 볶음밥을 만들 수 없어"라고 알려줄 수도 있지요.

만 2세 정도까지는 '종류'라는 말이 무슨 뜻인지 이해하기 어려울 수 있습니다. 1개의 당근은 손에 들고 세어볼 수 있지만, '당근이라는 종류'는 추상적인 개념이라 이해하기 어렵기 때문입니다. 이럴 땐 채소를 냉장고에서 막 꺼냈을 때 세어보게 하는 게 좋습니다. 그러면 만 3세 이상이 됐을 때 채소가 조각나 있어도 당근은 당근, 양파는 양파라고 종류별로 수를 세어볼 수 있을 겁니다.

아이를 부엌에 데려가기 어렵다면 식사를 하면서도 대화해 보세요. "오늘 볶음밥에 몇 가지 재료가 들어있는지 세어보자"라고 말을 건네면 음식을 먹는 게 즐거워지고, 재료에 대해 관심을 갖게 될 수 있습니다.

덧셈도 해볼 수 있어요.

예를 들어 "여기에 피망을 넣으면 색이 더 예쁘고 맛있을 것 같아"라고 말해보는 겁니다. 그러면 색이 예쁘게 나온다는 말에 피망을 싫어하는 아이도 조금은 흥미를 보일 거예요. "당근, 양파, 햄, 달걀 4개에 피망을 넣으면 재료가 총 몇 개가 될까?"라고 물어보세요.

물론 "5개"라는 대답이 금방 나오겠지만, 여기서 덧셈을 가르칠 수도 있습니다. "4에 1을 더하면 5니까, 4 더하기 1은 5, 즉 5개네"라고 가르쳐 주세요. 또는 아이에게 "4 다음은 5니까 총 5개야"라고 말할 수도 있습니다.

만 2세 이하의 아이는 "하나, 둘, 셋, 넷"이라고 주문을 외우듯 숫자를 외우지만, 만 3세 정도가 되면 "5는 4 다음이니까 4보다 1 많다"라는 식으로 숫자를 양과 연결해 이해할 수 있게 됩니다. 아이들에게 주먹밥이나 과자 등을 보여주면서 "몇 개가 있니?"라고 물어보고, 1개라고 답하면 "그럼, 2개를 더하면 몇 개가 될까?"라고 물어봅니다.

이때 다시 처음부터 세어보는 아이는 세어본 결과가 숫자가 된다는 것은 이해하지만, 더하기와 빼기를 하면 숫자가 된다는 것을 아직 이

해하지 못합니다. '세기'라는 행위는 단순해 보이지만, 아이의 마음속에서 실제로 일어나는 과정은 성장 단계에 따라 다양합니다.

어떤 방식으로든 답이 나오면 "잘 알고 있구나" "대단하다"라고 칭찬해 주세요.

같은 방법을 뺄셈에도 적용할 수 있습니다. 예를 들어, 아이가 우리 집 볶음밥에는 당근, 양파, 햄, 달걀이 들어간다는 것을 이해했다고 가정해 봅시다.

어느 날 엄마가 냉장고를 들여다보니 햄이 없었습니다. "어머, 오늘 볶음밥을 만들려고 했는데 햄이 없네…"라고 이야기하겠지요. "어, 그러면 오늘 볶음밥에 들어가는 재료는 3종류가 되겠네"라고 아이가 말하면 "그렇지, 4 빼기 1이니까, 3종류네. 그런데 햄이 안 들어가면 맛이 없을 텐데, 어쩌지. 어떻게 할까?"라고 하며 함께 생각해 보는 겁니다. "햄이 없다면 구운 돼지고기나 게맛살을 넣어보는 건 어때?"라고 말할 수도 있겠지요. 그러면 아이는 "볶음밥에는 몇 가지 재료가 들어가요?"라고 물어볼 겁니다. 정답은 3+1, 4종류입니다.

이렇게 일상적인 대화를 하면서 수에 대한 흥미를 갖게 하는 게 중요합니다. 외출 전 소지품 확인 등 생활 속 다른 장면에서도 비슷한 대화를 응용할 수 있습니다.

Tip 친숙한 것들로 더하기, 빼기 놀이를 해보세요.

"키가 자라면, 체중이 늘어날까?"

예상하고
실험해 보세요

우리 주변을 이해하는 데 있어 세는 것 만큼이나 중요한 것은 '측정'하는 행위입니다. 숫자는 무게, 길이, 속도 등 다양한 종류의 '양'과 관련이 있습니다. 집에 있는 저울, 줄자 등을 이용해 다양한 양을 측정해 봅시다.

부모가 아이에게 웃으며 "오늘은 저울로 실험을 해볼 거야"라고 말하면 아이는 "어, 실험이 뭐야?"라며 신기해할 겁니다. 실험이라는 단어를 처음 듣는 아이는 뭔가 특별한 일을 할 것 같아 신이 나는 거겠지요.

이렇게 측정이라는 행위를 통해 아이와 함께 예측하고 실험하며 결과에 대해 이야기하는 즐거움을 경험할 수 있으면 좋겠습니다.

그렇다면 구체적으로 무엇을 측정하면 좋을까요?

가장 먼저 아이의 키와 몸무게를 측정하는 것을 추천합니다. 아이들이 가장 관심을 갖는 게 자신의 키와 몸무게이기 때문이지요.

시작하기에 앞서, 체중계 사용법을 알려주세요. "이건 체중계야. 저울이 어디에 쓰이는지 아니?"라고 물어보세요. 그리고 슬며시 올라가야 한다거나, 손을 흔들면 몸무게를 측정할 수 없다는 등의 설명을 해주세요. 숫자를 읽지 못하는 아이에게는 "지호 몸무게는 15.5 kg이야"라고 숫자를 읽어주세요.

몸무게를 재면서 여러 가지 실험을 해볼 수도 있어요. 예를 들어 "으음! 하고 힘을 주고 밟으면 체중이 늘어날까? 아니면 줄어들까?"라고 말해보세요. 아니면 "키가 자라면 체중이 늘어날까?"라고 물어봐도 좋습니다. 아이는 빨리 크고 싶은 욕구가 있기 때문에, 이것을 실험해 보려고 할 겁니다.

아이는 그 결과를 빨리 알고 싶어서 바로 체중계에 올라가 측정하려고 할 수도 있습니다. 하지만 '측정하는 것'보다 이런 식으로 '예상해 보는 것'이 더 중요하다는 것을 기억해야 합니다.

아이와 함께 실험할 수 있는 기회는 매우 중요하며, 이 책에서도 반복적으로 등장합니다. 각각의 실험은 한 번뿐인 귀중한 경험입니다. 또 실험에서는 결과를 아는 것보다 결과를 예측하는 것이 중요하기 때문에 반드시 아이가 "나는 ○○일 것 같아"라고 예상할 수 있는 분위기를 조성해 주세요.

예상이 틀릴 수도 있습니다. 중요한 건 예상이 틀릴 수 있는, 틀려도 되는 분위기를 만들어야 한다는 겁니다. 부모는 이런 분위기를 조성할 책임이 있지요. 처음에는 당황스러울 수 있지만, 몇 번 하다 보면 아이는 예상하는 것에 점점 익숙해지고, 어느새 스스로 "예상이 틀려도 괜찮아"라고 말하게 될 겁니다.

체중계에 올라서도 체중이 늘지 않고, 키가 커도 체중이 늘지 않고, 한 발로 서있어도 체중이 줄지 않는다는 것을 알게 되면, 아이는 무엇을 해도 체중이 변하지 않는다고 생각할 수 있습니다. 이럴 땐 체중계의 숫자가 변하는 실험을 해보면 좋습니다.

"주스를 손에 들고 재면 체중계 숫자가 늘어날까?"라고 물어봅시다. 500mL 주스 팩 1개를 들고 체중계에 올라가면 숫자는 0.5kg 정도 증가할 겁니다. 1L의 우유를 들고 올라가면 딱 1kg 정도가 늘어나지요.

눈에 보이는 여러 가지 물건이나 행위에 흥미를 가지는 아이에게, 시각, 청각, 촉각 등 다양한 감각을 통해 수에 대한 흥미를 높여주는 것은 아이의 성장에 큰 도움이 됩니다.

Tip 틀려도 좋으니 결과를 예상할 수 있도록 유도해 주세요.

"가장 좋아하는 번호를 말해볼까?"

순서를
물어보세요

수에는 두 가지 기능이 있습니다.

"역과 공원 사이에 가게가 4개 있네"라고 할 때, '4'는 개수를 나타내지만, "모퉁이에서 2번째에 있는 가게는 빵집이야"라고 할 때 '2'는 순서를 나타냅니다. 수는 사물의 크기, 개수를 나타낼 때 사용할 수 있고, 요소끼리의 위치 관계나 순서를 나타내는 데도 쓸 수 있습니다.

순서를 나타내는 숫자는 곳곳에 사용되고 있습니다. 가령 사물함 번호나 방 번호 같은 것들이 있지요. 이러한 숫자는 이렇게 활용할 수 있습니다. "우리 집은 5호실이고 옆집은 6호실이니, 합치면 11호실이지?"

아이가 숫자를 사용하는 데 익숙해지면, 일상적인 대화에 순서를 나타내는 숫자도 조금씩 넣어볼 수 있습니다.

개수는 모양이나 크기가 같은 것일수록 이해하기 쉽지만, 순서를 물어볼 때는 가급적 서로 다른 특징이 있어 구별하기 쉬운 것을 사용하는 것이 좋습니다.

테이블 위에 왼쪽부터 빨-주-노-초-파-남-보 순서의 크레파스를 일렬로 늘어놓아 주세요. 아이에게 "왼쪽에서 3번째 크레파스는 무슨 색이야?"라고 물으면 노란색이라고 답할 겁니다. "그럼, 오른쪽에서 5번째는?"이라고 물으면 역시 노란색이라고 대답할 겁니다.

이런 상호작용을 통해 아이는 자연스럽게 어느 쪽부터 세는지에 따라 순서가 달라진다는 것을 깨닫게 됩니다.

단, 아이에게 오른쪽, 왼쪽은 이해하기 어려운 단어이므로 주의가 필요합니다. 특히 어린아이에게는 오른쪽, 왼쪽이 아니라 "이쪽에서 세어보면"과 같이 바꿔 말해주어야 합니다.

큰 아이와 이야기할 때도 오른쪽, 왼쪽이라는 말은 말하는 사람이 어디에 있는지, 어느 쪽을 보고 있는지에 따라 의미가 달라질 수 있기 때문에(123쪽 참조), 가능한 한 이해하기 쉬운 단어를 선택해 주세요.

그러기 위해서는 아이와 같은 위치에서 말을 건네는 것이 중요합니다. 이렇게 해야 아이는 그 말이 자신에게 하는 말이라는 것을 이해하고 안심하며 대답할 수 있기 때문입니다.

'앞'과 '뒤'라는 말에도 비슷한 어려움이 있습니다. 조금 성장한 아이는 친구들이 보기에 오른쪽, 앞쪽은 어느 쪽일까를 생각하게 되지만, 어릴 때는 자기중심적으로 생각하고 자기 관점에서 표현하기 때문이지요.

아이에 따라서는 특별히 좋아하는 숫자가 있을 수 있습니다. "가장 좋아하는 번호가 뭐야?"라고 물어보세요. 17번을 좋아하는 아이는 등번호가 17번인 야구선수 오타니 쇼헤이를 좋아할지도 모릅니다.

아이에게 '제일'은 특별한 의미가 있는 단어입니다. 아이는 '제일'이라는 말만 들어도 눈이 반짝반짝 빛납니다. 제일 빨리 달릴 수 있는 것, 제일 높이 날 수 있는 것은 동경의 대상이 됩니다.

"집에 있는 장난감 중 제일 좋아하는 장난감은 뭐야?"라고 물어보세요. 그러면 "고래 인형이 제일 좋고, 두 번째는 기린이에요"라고 답할 겁니다. "제일 큰 장난감은 뭐야?"라고 물어보거나, 반대로 "제일 작은 장난감은 뭘까?"라고 물어봐도 좋습니다. 질문을 하면서 더 많은 대화를 나눠보세요.

동물을 좋아하는 아이라면 "세상에서 제일 빨리 달리는 동물은 뭐야?" "제일 큰 공룡은 뭐야?"라고 물어보세요. 아이는 여러 가지를 말할지도 모릅니다.

마지막으로 가장 중요한 사항입니다. 아이가 잠자리에 들기 전에 "아빠, 엄마가 제일 좋아하는 아이는 지호야"라고 말해주는 것을 잊지 마세요.

Tip 대화가 끊이지 않고 이어지게 해주세요.

'벡터 주사위 놀이'를 해보아요

집에 있는 재료로 쉽게 만들 수 있고, 만 3세부터 즐길 수 있는 벡터 주사위 놀이를 소개합니다. 준비할 것은 알맞은 크기의 종이와 두꺼운 종이 각 1장씩 이면 됩니다. 가위와 셀로판지, 사인펜도 준비해 주세요. '벡터vector'란 길이와 방향을 가진 양quantity을 말하며, 수학에서는 필수적 개념입니다.

퍼즐이나 게임은 두뇌를 활성화시키고, 함께하는 과정에서 부모와 아이의 친밀도를 높일 수 있습니다. 부모가 아이와 한편이 되거나 아이의 상대가 되어주는 것은 아이와 함께 즐거움을 나눌 수 있는 좋은 기회가 됩니다.

퍼즐이나 게임을 할 때 주의해야 할 점은 아이가 승패에 너무 집착하지 않도록 하는 것입니다. 퍼즐을 누가 먼저 풀었는지 경쟁하는 것이 아니라, 아이가 자신의 속도로 천천히 생각할 수 있도록 지켜봐 주고, 힌트나 아이디어를 제시해 주는 것이지요. 실력 차이로 승패가 갈리는 성인용 게임은 피하는 게 좋습니다. 주사위 놀이는 모두가 거의 동시에 골인할 수 있어 아이들이 하기에 가장 적합한 게임이지요.

벡터 주사위 게임을 만드는 방법입니다. 먼저 A4 크기의 종이에 세로 10칸, 가로 14칸의 가로세로 2cm의 칸을 그리고 왼쪽 하단 끝 모서리에 '스타트Start', 반대 모서리에 '골Goal'이라고 적어둡니다.

다음으로 말을 만들어 줍니다. 두꺼운 종이에 정사각형을 그려 한 장씩 잘라낸 후, 매직으로 대각선을 따라 한 줄로 선을 긋습니다. 선의 끝을 삼각형으로 칠해 화살표로 만들면 완성!

이와는 별도로 각 면이 2~3cm인 주사위를 만들어 주세요. 재료를 준비해 두고 아이와 함께 만들어도 재미있습니다. 아이에게 "오늘은 만들기를 할 거야"라고 하면서 "뭘 만들고 싶어?"라고 묻습니다. 이때 바로 주사위를 만들거라고 대답하지 말고 "자, 무엇을 만들 수 있을까?"라고 말하면서 기대감을 높여주세요.

두꺼운 종이에 정육면체 전개도를 그려서 가위로 자릅니다. 눈썰미가 좋은 아이는 이 단계에서 "아, 알았다! 주사위를 만드는 거구나"라고 말합니다. 주사위의 전개도는 11종류가 있으므로(49쪽 참조), 전개도만 봐서는 무엇을 만들 수 있는지 예측하기 힘든 모양을 선택하는 게 더 재밌습니다.

그다음 1, 2, 3이 적힌 면이 각각 2개씩 생길 수 있도록 6개의 면에 1부터 3까지의 숫자를 적어보도록 하겠습니다. 숫자를 쓸 줄 아는 아이는 이때 스스로 쓰고 싶다고 말할지도 모릅니다. 마지막으로 주사위 모양으로 접어서 셀로판 테이프로 각 변을 붙이면 완성됩니다. 주사위는 다른 게임에서도 사용할 수 있는 아이의 보물이 됩니다.

이제 게임을 해봅시다. 주사위를 굴려 나온 숫자만큼, 스타트에서 출발해 사각형의 대각선을 따라 이동합니다. 즉, 항상 사각형 끝에서 끝까지 대각선 45도 방향으로 이동하는 겁니다. 진행 방향은 같은 방향이거나 중간에 직각으로 꺾여도 상관없습니다. 왔던 길을 되돌아갈 수도 있지요. 자신이 지금 어디에 있는지 알 수 있도록 연필로 표시를 하고, 거기서 어떻게 나아갈지 벡터의 조각을 칸 위에 올려놓고 확인하면서 진행합니다. 이렇게 차례대로 주사위를 굴려서 이동해 목표 지점인 '골'에 도달하면 성공입니다.

벡터 주사위 놀이에서는 반드시 대각선을 따라 진행하기 때문에 옆칸으로 이동할 수는 없습니다. 만약 아이가 게임 방법을 어려워하면 색연필로 진행 경로를 따라 선을 그리게 하는 게 도움이 됩니다. 4세 이상의 아이들은 선긋기 연습도 할 수 있고, 5세 이상이라면 갈 수 있는 꼭짓점과 절대 갈 수 없는 꼭짓점이 번갈아 가며 나타나는 것을 알 수 있을 겁니다.

꼭짓점에 '★'을 그려놓고 여기에 도달하면 보너스 점수로 2칸을 더 진행한다든지, '여기는 공사중입니다. 통과할 수 없습니다'라는 표시를 해놓는 등 여러 가지 재미 요소를 만들 수도 있습니다.

처음에는 1만 나와서 좀처럼 진행되지 않는다고 생각하고 있다가도 갑자기 3이 나와 단번에 골인하는 경우도 있습니다. 단번에 골인을 목표로 하는 것과 도중에 별이 있는 지점에서 점수를 노리는 것. 어느 쪽이 유리한지 진지하게 생각하는 아이도 있을 겁니다. 간단한 규칙이지만 다양한 재미 요소를 발견할 수 있지요.

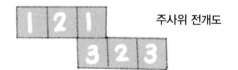 벡터 주사위 놀이

주사위 전개도

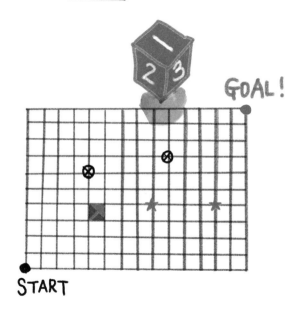

GOAL!

START

		말
⊗		공사 중
★		보너스

"합치면 몇 개가 될까?"
"5는 2로 몇 번 나뉠까?"

함께 생각해 보세요

덧셈에 어느 정도 자신감을 갖게 된 아이가 뺄셈에 관심을 갖는 것은 매우 자연스러운 흐름입니다. 덧셈에 비해 뺄셈이 더 어렵다는 선입견을 심어주지 않으려면 어떤 노력이 필요할까요?

덧셈과 뺄셈은 서로 밀접한 관계가 있습니다. 뺄셈은 덧셈의 응용 혹은 발전형이지만, 사실 덧셈 속에 이미 뺄셈의 개념이 포함돼 있습니다. 아이와 함께 이런 이야기를 만들어 보면 어떨까요?

펜펜은 무지개 나라의 파란색 요정으로부터 블루베리 10개를 작은 선물로 가져가도 좋다는 말을 들었습니다. 그리고 요정은 펜펜에게 "여기에 아까 내가 딴 6개의 블루베리가 있어"라는 말을 들었습니다.

자, 펜펜은 몇 개의 블루베리를 더 딸 수 있을까요?

펜펜은 아이가 아기 펭귄 인형에 붙인 이름입니다. 꼭 블루베리가 아니더라도, 실제로 부엌에 있는 것을 이용해 이야기를 만들어 보세요.

여기서 아이에게 "뺄셈을 써야 해" "10 빼기 6은 어떻게 하지?"라고 알려주면 아이는 전혀 흥미를 느낄 수 없습니다. 아이는 기계처럼 계산하는 것에 익숙해져 버리지요. 아이와 함께 생각해도 좋습니다. 중요한 것은 아이가 스스로 생각할 수 있도록 돕는 것입니다.

답을 가르치는 것이 아니라 생각하는 즐거움을 가르쳐야 합니다. 답은 틀려도 괜찮습니다. 오히려 틀려도 좋으니 직접 말할 수 있도록 해야 합니다.

"벌써 6개를 따왔어. 합쳐서 10개를 만들려면 몇 개를 더 따와야 할까?"

아이가 이 물음에 대해 생각하기 시작했는지는 아이의 눈을 보면 알 수 있습니다. 생각하기를 시작한 아이에게는 "함께 세어 볼까?"라고 말을 건네 보세요.

"7, 8, 9, 10"이라고 아이와 함께 세면서, "10개가 됐다. 지금 몇 개 갖고 왔어?"라고 물어봅니다.

그러면 아이는 "5개야? 4개인가?"라고 말할 수도 있어요. 틀려도 상관없어요. 다시 해보는 아이는 이미 의욕에 가득 차 있습니다.

생각한다는 것은 뇌를 활성화하고 있다는 뜻입니다. 인간은 깨어 있는 내내 의식은 있지만, 집중해서 생각할 수 있는 시간은 한정돼 있지요.

덧셈과 뺄셈 어느 쪽을 할 것인지 빨리 가르쳐 달라는 태도가 몸에 밴 아이라도 이런 대화를 몇 번 하다 보면 그런 태도는 점점 사라지게 됩니다. 왜냐하면, 무조건적으로 공부하는 것보다 스스로 생각하는 게 훨씬 더 재미있다는 것을 알기 때문이지요.

이 깨달음은 부모로부터 칭찬을 받으면 더욱 강화됩니다. 생각한 답이 틀려도 괜찮다고 했다면, 틀린 대답에 대해서도 "잘 생각했구나"라고 먼저 예상한 것 자체를 칭찬해 주어야 합니다.

아이에게는 시간 내에 문제를 풀어야 한다는 제약도 없고, 틀려서는 안 된다는 규칙도 적용하면 안됩니다. 아이가 안심할 수 있는 차분

한 분위기 속에서, 수학적으로 상황을 파악하는 감성을 길러주세요.

"얼마나 더하면 ○○이 될까?"라는 질문은 이미 알고 있는 덧셈의 사다리를 이용해 자연스럽게 뺄셈의 사고방식으로 들어갈 수 있는 마법의 말입니다.

Tip 칭찬은 그 자리에서 해주세요.

06 '1+1=2'가 아닐 수도 있겠지?

"어머, '1'이 될 수도 있는 거야?"

아이들의 이야기에
귀를 기울여 보세요

어린아이에게는 매일매일이 발견의 연속입니다. 주변에서 일어나는 여러 가지 일, 생각한 것, 상상한 것 등을 아이가 자신의 입장에서 이야기할 때가 있습니다.

이럴 때는 귀를 쫑긋 세우고 들어주세요. 아이들의 이야기에는 어른들이 간과하기 쉬운 재미있고 깊이 있는, 조금은 철학적인 관점이 담겨있을지도 모릅니다.

이런 말을 하는 아이도 있습니다.

"있잖아, 1 더하기 1은 2가 아니야. 1이 될 수도 있지."

이때 아이는 1+1이 2가 되지 않는 상상의 세계에서 놀고 있을지도 모릅니다. 아니면 구체적으로 무언가를 보고 그렇게 생각했을 수도 있지요.

아이가 이런 이야기를 시작하면 일단 잘 들어주고, 경청하는 자세를 보여줘야 합니다. "어, 정말? 그런 일이 있을 수 있다고?"라며 놀라는 것만으로도 충분하지요. 그것만으로도 아이는 자신의 생각과 깨달음을 이야기할 겁니다.

"왜 2가 아니라 1이 되는 거야?"라고 관심을 보이는 말을 해주면 아이는 더 말하기 쉬워집니다. 아이만의 재미있는 이야기에 귀 기울여 주세요.

현실 세계에서 1+1이 언제라도 2가 된다고는 할 수 없습니다. 마트에서는 1개에 1,000원짜리인 사과 2개를 1,800원에 팔고 있습니다. 만약 1+1=2가 맞다면 사과 2개는 2,000원에 팔아야 하는데, 여기서는 그렇지 않지요.

그렇다고 해서 수학이 현실에 도움이 되지 않는다거나 틀렸다고 생각하는 사람은 없습니다. 1+1이 2가 되지 않는 이 현실도 1+1=2가 된다는 수학의 한 응용이기 때문이지요.

이처럼 수학 법칙이 현실에서도 이루어지는 경우는 그리 많지 않습니다. 현실 세계와 수학 세계가 밀접하게 연결되어 있기 때문에 오히려 현실의 문제를 생각할 때 도움이 되는 경우가 더 많습니다.

발명왕으로 알려진 에디슨의 일화 중 이런 이야기가 있습니다.

에디슨이 초등학생 때, "선생님, 왜 1 더하기 1은 2가 되는 거지요? 점토와 점토를 합치면 하나의 점토가 되지 않나요?"라는 질문을 했다고 해요.

세상에는 셀 수 있는 것과 셀 수 없는 것이 있습니다. 도토리는 1개, 2개로 셀 수 있지만 물은 셀 수가 없지요. 물은 컵에 부었을 때 1잔, 2잔으로 셀 수 있지만, 물 자체는 셀 수 없고, 컵이 아닌 더 큰 용기에 부으면 셀 수 있는 단위가 달라집니다. 찰흙도 마찬가지인데, 찰흙 덩어리 크기를 바꾸면 이전 단위로 측정한 개수가 무너져 버립니다. 에디슨의 질문을 받은 선생님은 당황하셨겠지요.

1+2=3과 같은 계산을 현실에 적용할 때는 특정 전제가 필요합니다.

덧셈과 뺄셈이 현실에 잘 적용되는 것은 개수를 셀 수 있는 대상에 한정됩니다. 가령 "사과가 3개 있고, 귤이 6개 있어. 합하면 몇 개가 될까?"와 같은 문제만 풀다 보면 아이들은 별다른 생각 없이 기계적으로 덧셈 연습만 하다가 끝나기 쉽습니다.

이럴 때는 부모님이 "어라? 사과와 귤은 더할 수 있는 것일까?" 등의 말을 건네면 아이도 이 문제가 뭔가 이상하다는 것을 알아차릴 수 있을지도 모릅니다.

Tip 아이의 이야기에 깜짝 놀라며 들어주세요.

"자, 어떻게 하면 좋을까?"

재미있게
놀아보세요

아이와 대화할 때는 다소 과장된 연출도 필요합니다.

만들기를 좋아하는 아이에게 "자, 이제 만들기를 할 거야"라고 말하면, 아이는 신이 나서 "뭘 만들거야?"라고 물을 거예요. 이때 바로 "주사위를 만들 거야"라고 답해버리면 재미가 없습니다. 더 이상 궁금하지 않게 되니까요.

물론 주사위를 만드는 것은 재미있는 이야기 소재입니다. 재미없는 것은 대화를 이끌어가는 방식이지요. "자, 무엇을 만들 수 있을까?"라고 말하는 편이 아이의 기대감을 훨씬 더 높여줄 수 있습니다.

아이와의 즐거운 대화는 이런 소소한 이야기를 하는 데 있습니다. 아이에게 수수께끼를 던지고 생각하게 하는 것이지요. 그렇게 하는 것만으로도 아이는 대화에 몰입하게 되고, 아이도 다양한 의견과 반론을 이야기하기 시작합니다.

여기서는 예시로 주사위를 들었습니다. 초등학교에서 주사위의 전개도 종류에 대해 배우기도 하지만, 대부분의 아이들이 알고 있는 전개도는 많아야 1개 정도밖에 되지 않습니다. 하지만 의외의 형태도 있습니다(49쪽 참조).

아이는 그림을 그리고, 자르고, 접는 활동을 하면서 무엇을 만들 수 있을지 기대에 부풀어 있을 겁니다. 전개도 중에서 아이가 모를 것 같은 것을 골라 도화지에 빨간 펜으로 전개도를 그려놓고 선을 따라 잘라보게 해주세요. 그러면 자르자마자 "혹시 이거 주사위 아니야?"라고 말할지도 모릅니다. 그러면 "맞아. 잘 맞혔구나!"라고 칭찬해 주세요.

처음에는 칭찬할 타이밍이 언제인지 잘 모를 수도 있는데, 아이가 무언가를 하고 있을 때가 바로 칭찬할 수 있는 절호의 기회입니다. 아이의 작업을 지켜보고, 때로는 도와주면서 한 단계씩 진전이 있을 때마다 칭찬을 해주고, 마지막에 완성했을 때 다시 칭찬해 주면 됩니다.

이처럼 아이에게 구체적인 과제가 주어지는 상황은 부모가 칭찬할 수 있는 기회가 될 뿐만 아니라 아이 입장에서도 칭찬받는 이유를 알 수 있는 기회가 되기도 합니다.

전개도를 자르고 나면, 접기 전 각 면에 숫자를 적어주세요. 이제 막 숫자를 배운 아이는 기쁜 마음으로 숫자를 쓸 거예요. 이때 "이 주사위는 계속 사용할 수 있으니 조심스럽게 써야 해"라고 말해주세요.

단, 속도와 정성을 동시에 신경 쓰는 건 어렵습니다. 어느 한쪽을 우선시하면 다른 한쪽은 소홀해지기 마련이니까요. 아이가 어느 정도 자란 뒤에도 "빨리 해라" "신중하게 해라" 등 두 가지를 동시에 요구하는 것은 좋은 방법이 아닙니다. 아이가 주사위 놀이를 빨리 하고 싶어서 만드는 것을 서두를 때는 "정성스럽게 만들었구나" "동그란 선을 정말 잘 그렸구나" 등 다른 칭찬을 해주는 게 좋습니다.

숫자는 아이가 처음 쓰는 글자인 경우가 많기 때문에 아이는 숫자를 독특한 시각으로 다양하게 해석합니다. 숫자를 보면 아이의 성격을 알 수 있고, 선의 형태나 쓰는 방식으로 아이의 생각을 발견할 수도 있습니다. 예를 들어, '2'를 아래부터 쓰는 아이는, 안정된 직선 부분부터 쓰는 게 더 잘 써진다는 것을 알고 있는 겁니다.

다른 사람이 보기에는 틀린 것처럼 보이지만, 아이가 쓰는 숫자 하나하나에는 아이의 특징이 고스란히 담겨 있습니다.

숫자를 쓰는 대신 주사위 안에 빨간 동그라미를 그리거나 검은 동그라미를 그리는 것도 재미있는 작업입니다.

Tip   기대감을 높여주세요.

R층을 어떻게 알게 됐을까?

말 잘하고 자랑하기 좋아하는 만 2세 남자아이와 연날리기에 대해 이야기를 나누던 중이었습니다. 그 아이는 "제 연은 정말 높이 날아갔어요. R층까지 날 아갔어요"라고 말했고, 저는 "R층까지 날아갔다고? 대단하다"라고 말해줬습니다.

아파트 R층(로열층)은 아파트의 꼭대기 층을 말합니다. 아이는 어떻게 'R층'이라 는 단어를 알게 됐을까요? 아파트의 엘리베이터에는 'R층'이라는 버튼이 붙 어있는 경우가 있습니다. 그 외의 버튼은 모두 숫자로 되어있는데, 맨 위 버튼 에만 'R층'이라고 쓰여있지요. 그 아이가 사는 아파트의 엘리베이터도 그랬습니다.

아이는 엘리베이터 승강기 버튼 '1'을 누르면 1층에서 멈추고, '2'를 누르면 2 층에서 멈춘다는 것을 경험으로 배웠을 겁니다. 그래서 'R' 버튼을 누르면 'R 층' 꼭대기에서 멈춘다고 생각한 것이지요.

아이는 주변에서 일어나는 여러 가지 일들을 항상 놀라는 눈으로 바라보지만, 단순히 지식을 받아들이는 것뿐만 아니라 받아들인 지식을 머릿속에서 논리 적으로 사고하는 것도 동시에 하고 있는 것입니다.

주사위 전개도

주사위 모양은 입체 중에서 가장 이해하기 쉬운 형태입니다. 높이, 너비, 깊이가 모두 같은 길이의 모양을 가지고 있지요.

주사위 전개도에도 다양한 형태가 있습니다. 그것들은 회전하거나 뒤집으면 아래 그림과 같이 열한 가지 종류 중 하나와 일치합니다. 아래의 그림은 주사위 전개도를 모두 모아놓은 것이라 할 수 있지요.

이 중 누구나 쉽게 떠올릴 수 있는 전개도는 '십자형'입니다. 또, T자형, Z자형도 있고, 전개도로 보이지 않는 것도 있습니다.

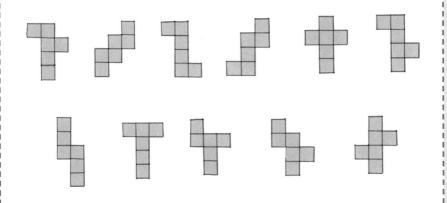

"'반쪽'은 '1/2'이라고도 하지."

나누는 것에 대해
이야기해 보세요

분수는 초등학교 고학년에서 배우는 것이라는 이미지가 있어, '만 2세 아이에게 가르치기에는 아직 이르지 않나'라는 생각이 들 수 있습니다. 하지만 1/2, 1/3과 같은 간단한 분수는 사실 일상적인 대화에서도 자주 쓰이고 있습니다. 아이들은 분수를 쓰기 전부터 일상적인 대화로 분수를 만나고 있는 것이지요.

초등학교 고학년 때 분수끼리 사칙연산(더하기, 빼기, 곱하기, 나누기)을 자유자재로 할 수 있는 방법을 하나하나 배우지만, 일상에서 자주 사용하는 분수의 의미에 대해서는 이미 저학년 때부터 배우고 있습니다. 그중 일부는 어린아이들도 어느 정도 이해할 수 있습니다.

아이가 '반'이라는 단어를 배울 때가 분수의 의미를 가르칠 수 있는 기회입니다. 예를 들어, 부엌에서 요리를 하면서 "'반'을 '1/2'이라고도 해"라고 말해주는 것이지요. 흥미를 보이는 아이에게는, 한 단계 더 나아가 "3개로 나눈 1개는 '1/3'이야"라고 짧게 설명하면, 아이는 바로 이해합니다.

일상생활에서 가장 많이 사용하는 것은 1/2, 1/3과 같이 분자가 1인 분수(단위분수)입니다. 아이에게는 먼저 단위분수를 알려주는 것이 좋습니다. 그리고 점점 분수에 익숙해지면 2/3나 3/4 같은 일상에서 자주 사용하는 분수를 무심한 대화 속에 자연스럽게 등장시켜 보세요.

분수의 개념을 잘 알 수 있는 좋은 기회는 생일 케이크를 온 가족이 나눠 먹을 때입니다. "케이크를 먹는 사람은 4명이니까, 지호의 몫은 1/4이야. 4개로 나눈 것 중 하나지"라고 말하면서 케이크를 접시에 나눠 담아주세요. 그러면 시각적으로도 1/4의 의미를 느낄 수 있게 됩니다.

이런 기회가 꼭 생일 때만 있는 것은 아닙니다.

팬케이크나 피자처럼 동그란 것을 등분하는 상황이라면 언제든 할 수 있습니다. 동그란 것일수록 분수의 의미를 이해하기 쉽고, 초등학교에서 배우는 원형 그래프의 이미지와도 잘 연결되기 때문이지요.

사과나 수박과 같이 둥근 형태의 물건을 사용해도 좋습니다. 원이나 구라는 평면과 입체의 형태에 대한 관심은 보다 고차원적인 수학에 대한 관심으로 연결시킬 수 있습니다.

부엌에서 사과를 자를 때, "이게 1/2이고, 1/4은 이만큼의 크기가 되네"라고 이야기해 보세요. 이렇게 구체적인 사물을 이용해 설명하면 조금 큰 아이는 1/2과 1/4을 합치면 3/4이 된다는 것까지도 쉽게 이해할 수 있게 됩니다.

이제 분수 개념에 어느 정도 익숙해진 아이와 귤을 따서 안에 있는 귤의 개수를 세어보는 실험을 해보세요. "이 귤나무에는 귤이 10개니까, 귤 1개는 귤나무 전체 귤의 1/10이구나"라고 말해주세요.

"이 귤나무에는 몇 개의 귤이 달려있을지 예상해 보자"라고 말한 뒤 귤을 따게 하면 실험의 재미는 배가 됩니다.

"귤나무에 열리는 귤 수는 어느 나무나 똑같을까?"라고 물어보는 방법도 있습니다.

보통 귤나무에 열리는 귤은 10개 안팎이지만, 귤이 12개 이상 열리는 귤나무도 있습니다. "귤의 개수가 많을수록 맛있다고 하더라"라고 말하면서 생활 속 다양한 장면에서 분수를 발견해 보세요.

역사를 거슬러 올라가면 분수의 개념은 자원을 균등하게 분배하는 것과 밀접한 관련이 있습니다. 분수를 나타내는 기호는 이미 고대 이집트 시대에 사용되었다고 하지요.

다만 똑같이 분수를 사용하는 것처럼 보여도 "쟁반 위의 콩 20알을 4명이서 나누면 한 사람의 몫은 20의 4분의 1이니까 5개네"와 같이 많은 수를 나누는 예시는 분수를 배우기에 적당하지 않습니다. 이것은 20÷4=5와 같이 나눗셈을 하기에 더 적합한 예시입니다.

Tip 구체적인 것을 활용하여 계산해 보세요.

"이 아래에도 하나 더 있어."

보이지 않는 곳을
상상해 보세요

아이가 눈앞에 있는 물건의 개수를 세는 것에 익숙해지면 주사위처럼 생긴 큐브 블록을 이용해 쌓인 블록의 개수를 세는 놀이를 해보는 것도 좋습니다.

준비물은 12~20개 정도의 정육면체 블록입니다(마트나 문방구, 온라인 쇼핑몰에서 구입할 수 있어요).

먼저, 블록을 쌓아 여러 가지 모양을 만들어서 놀이를 해보세요. 예를 들어, 부모가 계단 모양이나 성 모양 등을 만들어서 아이에게 "같은 모양으로 만들어 봐"라고 말하거나, 원하는 모양을 만들게 해보세요.

아이가 블록에 익숙해지면 부모님이 56쪽의 그림과 같이 여러 층으로 쌓아서 "블록이 총 몇 개나 될까?"라고 물어보세요. 이때, 부모가 블록 쌓는 모습을 가급적 아이가 볼 수 없도록 하는 게 좋습니다.

아이마다 블록을 세는 방법이 다양하지만, 순서대로 세지 않으면 블록 몇 개를 건너뛰거나 같은 블록을 두 번 세는 경우가 많습니다. 또 쌓는 방법에 따라 보이지 않는 블록이 생기기도 하지요. 아이는 눈에 보이는 블록만 세는 경우가 있으니 "이 블록 아래에도 또 다른 블록이 있어"라고 힌트를 주는 것이 좋습니다. 또 "만약 아래쪽 블록이 없으면 위쪽 블록이 떨어질 거야"라고 말하면, 아이는 블록이 공중에 떠있는 것이 아니라는 것을 이해하게 될 겁니다.

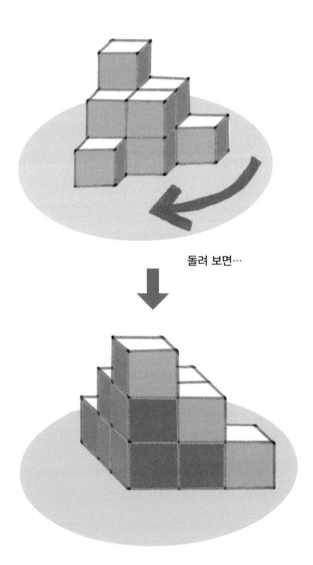

겉으로는 보이지 않아도 돌려서 보면…

돌려 보면…

보이지 않는 블록도 왼쪽 아래 그림과 같이 뒷면에서 보면 보이는 경우가 있습니다. 또 평평한 판자 위에 쌓아두면, 판자 전체를 회전시켜 뒷모습도 쉽게 확인할 수 있습니다. 쌓기 게임에서는 '보이지 않는 블록'이 있는 것이 중요하기 때문에 블록을 무너뜨려서 세어서는 안 됩니다. 무너뜨려서 세어보려는 아이에게는 "눈으로 보기만 하면서 세어볼 수 있을까?"라고 말해주면 됩니다.

도저히 세는 것이 어려울 때는 블록이 조금이라도 보이도록 움직여 주세요. 이렇게 한 줄 한 줄 세어보면 복잡한 형태로 쌓인 블록도 다 세어볼 수 있습니다.

쌓인 형태에 따라서는, 블록을 상하의 층으로 나누는 것이 좋습니다. 아이가 혼란스러워할 때는, "1층에는 몇 개가 있지?" "2층에는 몇 개일까?"라고 차례로 물어보거나, 층별로 블록을 꺼내 놓아두는 것도 좋은 방법입니다.

이를 반복하다 보면 점차 블록을 움직이지 않고도 머릿속으로 열을 나누거나 층을 구분하는 조작을 할 수 있게 됩니다.

Tip

팁을 많이 알려주세요.

"이쪽에는 몇 개나 들어있을까?"

숫자를 구분하는
감각을 익혀보세요

아이들은 정답 맞히기(추측) 게임을 좋아합니다. 정답 맞히기 게임은 아이의 탐구심을 자극하고, 현상을 관찰하고 예측하는 과학 활동의 싹을 틔워줍니다.

공기(없으면 사탕이나 과자도 괜찮습니다)를 이용한 게임을 해봅시다. 공기를 손에 숨기고 아이에게 "어느 손에 들어있을까?"라고 물어봐 주세요.

숫자를 늘려도 좋습니다. 어린아이의 경우, 5개까지 맞힐 수 있는 것을 기준으로 삼아주세요.

먼저 3개의 구슬을 테이블 위에 놓고 아이와 함께 세면서 3개가 있다는 것을 확인합니다. 그런 다음, 그 3개의 공기를 양손에 쥐고 숨깁니다. 예를 들어 오른손에 한 개, 왼손에 두 개를 넣었다고 하면, 먼저 왼손으로 오른손을 가리키며 "이쪽 손에는 몇 개가 들어있을까?"라고 물어봅니다. 아이는 뭔가 대답하거나, 혹은 모르겠다는 얼굴을 할 겁니다. 이럴 때는 바로 오른손을 열어 보여주며 "한 개였네"라고 말합니다. 그리고 남은 왼손을 내밀며 "그럼 이쪽에는 몇 개가 들어있을까?"라고 묻습니다. 아이가 잠시 생각하다가 정답을 맞히면 과하다 싶을 정도로 크게 칭찬해 주세요.

만약 아이가 못 맞혔다면, 공기 수를 줄이며 아이에게 적절한 수준을 찾으면 됩니다.

이 게임은 공부가 아닌 놀이이므로 아이가 정답을 맞힐 때까지 하지 않도록 주의해야 합니다. 아이가 너무 앞만 보고 달려가게 해서는 안 됩니다.

또 한 가지, 이 게임은 뺄셈 연습이 아니라는 것도 기억해야 합니다.

"탁자 위에 5개의 구슬이 있는데 이것을 양손에 감추고 오른손을 열었더니 2개가 있네. 그럼 왼손에는 몇 개가 들어있을까?"

이렇게 물어보면 초등학생은 5-2=3이니까 답은 3이라고 대답할 겁니다. 물론 덧셈, 뺄셈이라는 형식에 적용하면 정답이 될 수 있습니다. 하지만 이것은 이 게임이 의도하는 바가 아닙니다.

어른들은 오랜 기간 받은 교육의 영향으로 '수학은 문제를 주어진 형식에 맞추는 것'이라고 생각합니다. 그러나 어린아이에게는 그런 가정이 없습니다. 아직 뺄셈을 배우지 않은 아이는 5-2=3이라는 발상으로는 생각하지 않습니다. 아이는 이러한 게임을 통해 5가 2와 3으로 나뉜다는 것에 놀라워하고, 그 사실을 받아들여 자신이 실제로 경험한 감각으로 뇌에 새깁니다.

유아기에 획득한 직관적인 수 감각이 기초가 되어, 학교에 들어갔을 때 배우는 말(언어)이나 식, 즉, 5−2=3이나 2+3=5 등의 형식을 학습하는 것이 가능하게 됩니다.

한동안 이런 방법으로 놀다가 놀이 방법에 익숙해지면 역할을 바꿔서 해보는 것도 재미있습니다. 아이는 부모가 하는 것을 그대로 따라하는 것을 좋아하기 때문에 "이번엔 지호가 문제를 내봐"라고 하면 기꺼이 문제를 내줄 겁니다.

아이가 문제를 내면 부모는 바로 답하지 말고 조금 진지하게 생각한 후 "음, 3인가?"와 같이 말해보세요. 정답이면 아이와 함께 기뻐하면 됩니다. 그리고 부모님이 일부러 틀려보는 것도 대화를 즐겁게 하는 연출입니다. 꼭 다양한 방법으로 즐겨보세요.

Tip 실수해도 괜찮다고 말해주세요.

'직산'의 힘

서브타이즈subtize는 '눈앞에 있는 물건의 개수를 세지 않고 즉시 인식한다'는 뜻입니다. 여기서 '개수를 세지 않고 즉시'라는 부분이 상당히 중요합니다.

예를 들어 손가락을 사용하여 세는 행위에서는 눈앞의 것과 손가락 사이에서의 1 대 1 대응을 사용하고 있습니다. 또, '하나, 둘, 셋…'이라고 나타내는 수와도 대응하지요. 즉, 다양한 인지능력의 연계 플레이입니다.

직산은 일상생활에서 자주 사용되며, 덧셈 등을 시작하기 전 단계의 기초력으로 익혀두어야 할 능력이라고 알려져 있습니다.

하지만 실제로는 태어난 지 몇 주 된 아기도 3까지 사물의 개수를 세는 능력이 있다는 것이 실험으로 밝혀졌습니다. 즉, '하나, 둘, 셋…'이라는 말을 하기 전부터 어느 정도의 수 감각은 있다는 겁니다. 어른이 직산할 수 있는 최대 개수는 보통 5까지입니다.

초인종 소리 등을 귀로 듣고 인식할 수 있는 수의 범위는 그것보다 조금 커서, 7개 정도까지의 소리가 연속적으로 들려왔을 때 세지 않아도 그 수를 알 수 있다고 합니다.

제 **2** 장

'형태에 대한 관심'을
키워주는 말

형태에 대한 관심을 키워주는 말

'수'와 '도형'은 초등학교 수학의 기초이며, 이 시기에 도형에 대한 관심도 자연스럽게 형성됩니다.

2장에서는 도형을 그리고, 주변에서 도형을 찾고, 도형을 이용한 다양한 놀이를 하는 과정에서 말하는 방법을 소개합니다.

연필 잡는 법은 젓가락 잡는 법과 비슷합니다. 젓가락을 잡을 수 있는 시기에 맞추어 아이에게 가능한 한 빨리, 연필을 올바르게 잡는 방법을 알려주는 게 좋습니다. 올바른 자세도 중요합니다. 아이는 하나의 선을 긋는 것부터 시작해 점차 여러 가지 선을 긋게 됩니다.

아이들에게 가장 친숙한 모양은 원형과 삼각형, 사각형입니다. 그 중에서도 우리 주변에서 가장 많이 볼 수 있는 게 사각형이지요. 아이와 함께 주변의 다양한 모양을 찾아보고 이름을 붙여서 분류해 보세요. 삼각형은 산 모양, 사각형은 식탁 모양 등 자신만의 이름을 지어보는 것도 좋습니다.

도형에 대한 흥미를 불러일으키기에는 '점 잇기(74쪽 참조)'를 가장 좋은 놀이로 추천합니다. 수나 모양에 대해서 지식을 주입하는 것이 아니라, "종이 위에 그려진 점을 연결하면 어떤 모양이 나올까?"라고 질문하며 아이와 함께 설레는 경험을 즐길 수 있습니다.

다양한 형태에 흥미를 갖고 앞, 뒤, 오른쪽, 왼쪽 등 방향을 나타내는 단어도 어느 정도 자유롭게 사용할 수 있게 되면, 이 장에서 소개하는 '지도 만들기' 등의 놀이(81쪽 참조)를 통해 평면과 입체에 대한 감각도 키울 수 있습니다.

형태는 현실에 존재하는 모양을 의미하지만, 입체의 형태적 특징을 정확하게 파악하는 것은 눈으로만 보기에는 어려울 수도 있습니다. 그래서 다양한 관점에서 입체를 바라보거나, 입체를 자르고 그 자른 면이 어떻게 되는지 보고 이야기하는 등 입체에 대해 적극적으로 접근하는 것이 중요합니다.

평면도형 중에도 여러 가지 재미있는 특징을 가진 것들이 있는데, 도형을 엇갈리게 하거나 회전시켜 여러 개를 배열하거나, 뒤집어 놓으면 전체적으로 통일성 있는 패턴을 만들 수 있습니다. 이러한 도형의 특징을 놀이처럼 파악할 수 있게 되면 도형에 대한 이해가 더욱 깊어집니다.

도형에 대해서도 부모가 주입식으로 가르치기보다는 자연스러운 대화 속에서 도형이 보여주는 다양한 측면을 아이와 함께 즐기는 것이 중요합니다. 부모와 아이가 함께 도형 감각을 키울 수 있는 기회를 만들어 보세요.

"이 그림은 무슨 그림일까?"

더 많은 선을
그려보세요

아이들은 모양 그리기를 좋아합니다. 모양에는 다양한 변형이 있고, 크레파스나 연필을 이용해 자신이 원하는 모양을 자유롭게 만들 수 있을 뿐만 아니라, 만들어진 모양에는 다양한 의미가 있기 때문이지요.

어린아이에게는 가급적 이른 시기에 크레파스를 주는 것이 좋습니다. 크레파스를 쥔 아이는 처음에는 배에서 노를 젓듯 왕복하는 직선을 그리는 경우가 많습니다.

그것만으로도 본인은 꽤 재미있게 그리는데, 얼마 지나지 않아 빙글빙글 도는 곡선(나선형)을 그리는 다음 단계로 넘어갑니다. 이 시기 아이에게 하는 말의 기본은 역시 '칭찬'입니다. 아무리 단순한 선이라도 "잘 그렸어"라고 무조건 칭찬해 주면 아이는 다음 단계로 나아가고자 하는 의욕이 더 생기게 됩니다.

이처럼 아이가 그리는 선에는 어느 정도 법칙이 있고, 발달단계에 따라 변화합니다. 심리학자와 유아교육 전문가들이 조사한 자료에 따르면, 대부분의 부모는 육아 관련 서적을 읽는 등 육아에 대해 고민할 시간이 부족한 것으로 나타났다고 합니다.

대신 아이가 크레파스로 자유롭게 선을 그린 도화지들을 모아두었다가 시간이 날 때 스크랩북이나 스케치북에 붙여놓는 것을 추천합니다. 아이가 그리는 선은 월령에 따라 단순한 선에서 복잡한 선으로 매달 변화하는 게 보일 겁니다. 그리고 유치원에 입학하면 그림이라고 부를 수 있을 만큼 완성도 있는 작품을 완성할 수 있게 되지요.

단순하고 기하학적인 둥근 곡선이나 들쭉날쭉한 선의 단계를 거쳐 어느 정도 생각한 것을 그릴 수 있게 되면, "그림 그리는 게 즐거워 보이네"와 같이 선을 그리는 즐거움을 공유하도록 유도하는 것이 좋습니다. 어떤 아이는 "어, 이건 뱀이야. 몰라?"라는 표정을 짓기도 하는데, 그러면 "아, 그러고 보니 지난주에 동물원에 갔을 때 이런 뱀이 있었지?" "그림책에서 본 뱀이랑 비슷하네" 등 아이가 그린 그림과 아이가 경험한 것을 대화로 연결해 주면 됩니다. 아이는 그림을 그리려고 하는 것이 아니라, 그저 크레파스의 느낌과 색감을 즐기는 것일 수도 있습니다.

⬡ **뱀처럼 보이나요?**

무엇을 그렸냐는 질문을 너무 많이 받으면 아이는 어떤 그림이 아니면 그려서는 안 되는 줄 알고 그림 그리는 것을 싫어하게 될 수도 있습니다. 그래서 아이가 그린 선을 보는 것보다, 그림을 그릴 때의 표정이나 몸짓을 통해 아이가 어떤 마음으로 무엇을 그리고 있는지를 파악하는 게 더 중요합니다.

아이가 더 성장하면 자신이 경험한 사건뿐만 아니라 상상한 이야기 속 사건을 그리기도 합니다. 이럴 때는 아이의 이야기를 들어주며 그 세계를 함께 즐겨야 합니다.

Tip 아이가 선 그리기에 재미를 느낄 수 있도록 칭찬을 많이 해주세요.

"둥근 것을 찾아서 가져와 볼까?"

다양한 모양을
찾아보세요

아이들에게 가장 친숙한 도형은 원형과 삼각형, 사각형입니다. 아이는 스스로 곡선이나 직선을 그리기 전부터 주변에서 이러한 도형을 쉽게 인식합니다.

도형 감각은 다양한 모양을 인식하는 것에서 시작됩니다. 아이에게 종이를 보여주며 "이건 사각형이네"라고 말해주세요. 그런 다음 반으로 접어서 "이렇게 하니까 산 모양의 삼각형이 만들어졌어"라고 말하는 겁니다.

네모난 색종이를 반으로 접으면 삼각형이 된다는 것은 아이에게 새로운 발견입니다. 접는 방법을 바꾸면 작은 사각형도 만들 수 있지요. 종이 위에 동그라미, 세모, 네모 등의 모양을 그려서 보여줘도 좋습니다. 그리면서 "이건 달 모양이네"라고 이야기해 주세요. 동그란 것에는 단추, 병뚜껑, 팽이, 구슬, 장난감 바퀴 등이 있고, 문구점에서도 이런 모양의 장난감을 쉽게 구할 수 있습니다.

여러 가지 모양에 조금씩 익숙해지면 "동그란 것을 찾아볼까?" 등의 말을 건네며 방에 있는 물건 중에서 모양을 찾아내는 '탐색 놀이'를 해보세요. 이 놀이를 할 때는 접시나 컵 등 깨질 수 있는 물건은 치워두어야 합니다.

아이가 동그란 물건을 가져오면 "그래, 이것도 동그란 모양이네!"라고 칭찬해 주세요. 같은 방법으로 삼각형이나 사각형인 물건도 찾을 수 있도록 유도해 주세요.

이렇게 아이와 함께 놀다 보면 부모도 여러 가지 사실을 발견하게 됩니다. 예를 들면 우리가 일상속에서 접하는 물건 중에는 동그란 것이 의외로 적고, 삼각형은 더 적다는 것도 평소에는 잘 몰랐던 것들입니다. 어린아이는 원형, 삼각형, 사각형에도 다양한 종류가 있다는 것을 알게 되며 조금 큰 아이는 오각형, 육각형까지 범위를 넓혀서 놀 수 있게 됩니다.

아이가 조금씩 도형의 범위를 넓혀가면 실물만으로는 한계가 있기 때문에 카드를 사용하는 것이 좋습니다.

동그라미에는 큰 동그라미, 작은 동그라미가 있고, 조금 길쭉해진 타원이라는 모양도 있습니다.

삼각형이라고 하면 어린아이들은 정삼각형에 가까운 삼각김밥 모양을 떠올리지만, 그 외에도 다양한 종류가 있습니다. 직각삼각형, 정삼각형, 이등변삼각형, 둔각삼각형 등 조금은 생소한 모양을 카드에 그려 보여주면서, "이것도 삼각형일까?"라고 물어보세요.

또 △을 거꾸로 뒤집으면 ▽라는 이른바 역삼각형이 되는데, 아이가 이것도 삼각형으로 인식하는지, 즉 같은 삼각형이라는 범주에 포함시켜 인식하는지 물어보세요.

이때 "이것도 삼각형이야"라고 답하든, 아니면 "아니야, 이건 삼각형이 아니야"라고 대답하든, 둘 다 정답이라는 것을 알게 해주세요.

사각형에도 정사각형, 직사각형, 직육면체, 평행사변형, 사다리꼴, 마름모가 있으며, 오목사각형도 있습니다.

　정사각형과 직사각형을 다른 것으로 인식할 것인지, 아니면 정사
각형도 다양한 직사각형 중 하나라고 생각할 것인지는 아이에 따라
다르며, 연령에 따라 답이 달라질 수 있습니다. 이 역시 어느 쪽이 정
답이라고 단정지을 수 없습니다. 상황에 따라 어느 쪽이든 선택할 수
있는 것이지요.

> **Tip**　　정답도 여러 가지가 있다는 것을 알려주세요.

"점을 연결하면 어떻게 보일까?"

모양을
그려보세요

'점 잇기'는 종이에 그려진 점들을 선으로 연결하여 도형을 그리는 놀이입니다.

직선이나 구불구불한 선을 따라 그리거나 자유롭게 선을 그릴 수 있게 되면, 점 잇기 놀이를 해볼 수 있습니다.

먼저 종이 위에 작은 점을 왼쪽의 그림과 같이 격자로 그려두세요. 어린아이는 가로, 세로 3칸(점의 수는 세로 4개)에서 시작하게 해주세요. 연령에 따라 가로, 세로 4칸에서 5칸으로 점점 늘려가면 됩니다.

다음으로 검은 점을 가로, 세로, 대각선으로 연결해 도형을 그려 보여주면서 "어머, 이런 모양이 생겼어. 우리도 해볼까?"라며 아이에게 연필을 건네주세요. 이런 식으로 다양한 시도를 해보세요.

도형은 가능한 한 단순하고 따라하기 쉬운 것부터 복잡한 모양으로 조금씩 발전해 나가도록 하는 게 좋습니다. 처음에는 무작위로 점을 연결해 몇 가지 후보 도형을 그려보게 한 뒤, 그중에서 가장 단순하고 이해하기 쉬운 도형을 고르는 겁니다.

점 잇기의 재미는 몇 개의 점으로 다양한 도형을 그릴 수 있다는 데 있습니다. 점 잇기로 만들 수 있는 도형 중에는 좌우대칭 도형, 회전해도 변하지 않는 도형 등 수학적 관점에서 볼 때 재미있는 도형도 있고, 동물 모양이나 집 모양 등 아이가 친숙하게 연상할 수 있는 도형도 있습니다.

부모님은 선으로 도형을 그리면서 아이에게 "이건 무슨 모양일까?"라고 물어보세요. 이렇게 던지는 질문에는 정답이 없습니다. 아이만의 시각에서 예상치 못한 답이 나올 수도 있지요.

오히려 아이가 무조건 어떤 대답이라도 해야 한다고 생각하는 것은 피해야 합니다. 아이가 도형을 보고 여러 가지 이야기를 하기 시작하면 귀를 기울여 대화를 즐기기만 하면 됩니다. 또한 아이가 아무 대답을 하지 않더라도 도형을 그린 것은 사실이기 때문에, 그린 도형에 대해 칭찬을 아끼지 말아야 합니다. 이 점을 꼭 기억해 주세요.

Tip 아이가 손을 움직여 만든 것 자체를 칭찬해 주세요.

점과 점을 연결하여 그림으로 만들어 보자

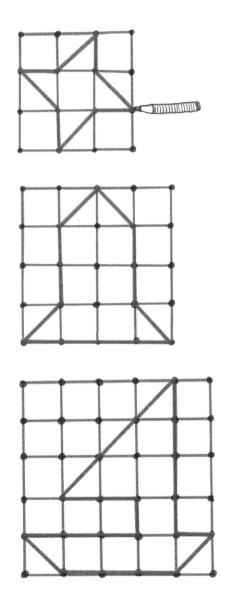

04 암호 해독하기

"어떻게 가면 좋을까?"

지도를 가지고
놀아보세요

78

이제 평면과 입체의 감각을 키우는 '지도 만들기' 놀이를 해볼 겁니다.

모조지나 포장지 등 큰 종이, 펜, 메모지, 과일 등이 그려진 스티커를 준비해 주세요.

먼저 큰 종이에 가로, 세로로 바둑판 모양의 도로를 그려줍니다(81쪽 참조). 그러면서 "이건 마을 지도야. 여기에 뭐가 있는 걸로 할까?" 등 즐거운 말투로 이야기를 나누어 보세요.

그런 다음 지도 앞쪽, 아이와 가까운 곳에 스티커를 붙여 출발점을 표시합니다. 이와는 별도로 바둑판 눈 바깥쪽 몇 군데에 사과, 바나나, 귤 등의 과일 스티커를 붙여주세요.

먼저 출발점 표시를 보여주고, "지호는 여기서부터 시작해서 어떻게 하면 사과가 있는 곳까지 갈 수 있을까?"라고 물어보세요.

예를 들어 사과 스티커가 지도의 왼쪽에 붙어있다면 "출발점에서 앞으로, 앞으로, 앞으로, 앞으로, 그리고 한 칸씩 왼쪽으로, 왼쪽으로 가면 사과 스티커가 있는 곳에 도착하네"라고 아이와 확인하면서 메모지에 '↑↑↑↑← ← '와 같이 화살표를 적어봅니다. 방향을 나타내는 앞, 뒤, 오른쪽, 왼쪽이라는 단어는 아이가 있는 위치에서 바라본 단어로 해주세요.

이 화살표는 이후 가는 길을 알려주는 암호 역할을 하면서, 놀이를 다양하게 변형해 발전시킬 수 있는 열쇠가 됩니다.

예를 들어, 열에 나열된 화살표의 순서를 조금 바꿔서 '←↑←↑↑↑←'라고 해보면 어떨까요?

'이 화살표로 진행해도 사과까지 갈 수 있겠네!'라고 생각할 수 있 겠지요. 아이는 게임을 하면서 사과까지 가는 길에도 여러 가지 방법 이 있다는 것을 알게 될 겁니다. 또 "다른 방법으로는 어떤 것이 있 을까?"처럼 아이에게 힌트가 되는 질문을 던져서 아이가 '깨달음'을 경험하면 반드시 부모도 함께 기뻐해야 합니다.

그러면 아이는 자신감이 넘쳐서 "나도 알아. 할 수 있어!"라고 말 할지도 모릅니다. 아이가 잘할 수 있을 정도의 도전적인 놀이를 하는 것이 중요합니다.

아이가 사과까지 가는 방법에 여러 가지 '답(방법)'이 있다는 것을 알게 되면 다른 과일 스티커에 대해서도 시도해 보거나, 더 재미있게 놀기 위해 조금씩 방법을 바꾸어 가면서 해보는 게 좋습니다.

예를 들어, "이제 지호가 가고 싶은 곳으로 화살표를 그려서 보여 줘"라고 말해보세요. 그러면 "어디로 가고 싶은지 맞혀봐요"라고 말 하며 아이는 화살표를 따라 손가락으로 길을 따라가거나 인형을 걷 게 할 겁니다. 만약 귤 스티커에 도착하면 "알았다! 지호는 귤이 있 는 곳으로 가고 싶었구나!"라고 조금 과장되게 말해보세요.

🔷 화살표 암호를 해독하면 어디로 갈까?

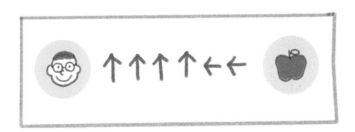

이 놀이의 재미는 암호화와 그 암호를 해독하는 데 있다고 할 수 있습니다. 길을 화살표로 표현하는 게 정보의 '암호화'에 해당하고, 화살표를 보고 지도를 따라가는 것이 '암호 해독'에 해당한다고 말할 수 있습니다.

시작점에서 사과까지 가는 화살표 암호가 있으면, 그걸 보고 사과에서 시작점으로 돌아갈 수도 있습니다. 예를 들어, 지도에 고양이의 시작점, 강아지의 시작점 스티커를 추가할 수도 있지요. 그리고 목적지가 사과라고 가정하고 화살표 암호를 만드는 것도 가능합니다. 그러면 사과에서 화살표를 거꾸로 따라가면 출발점이 어디인지 알 수 있고, 이 경로로 사과까지 온 사람이 누구인지 맞힐 수도 있을 것입니다.

Tip 놀이를 다양하게 변형해 즐겨보세요!

칼럼

상형문자와 아이들의 그림

한자의 바탕이 된 상형문자는 엄밀히 말하면 그림은 아니지만, 아이가 그리는 그림과 공통점이 많습니다. 상형문자의 몇 가지 예를 살펴보겠습니다.

'雨(비 우)'는 아래의 그림과 같이 구름에서 내리는 빗방울 그림에서 탄생했습니다. '霓(무지개 예)'는 어떨까요? 고대 중국인들은 무지개를 용의 한 종류라고 생각했습니다. 하늘을 가로지르는 웅장하고 아름다운 용이라고 본 것이지요. 그래서 땅에서는 그 등 부분만 보인다고 생각했습니다.

'日(해 일)'은 둥글게 빛나는 태양입니다. '月(달 월)'은 달이 차오르고 지는 모습을 반원으로 표현한 것이고요. '星(별 성)'의 윗부분은 '해'를 겹겹이 쌓아 맑은 별빛을 표현한 겁니다. 해를 겹쳐 반짝이는 느낌을 표현하는 것이 어린아이의 그림과도 비슷하지요.

'雷(번개 뇌)'는 번개를 나타내는 'ㄨ'를 중심으로 불을 표현한 '⊗' 네 개를 나란히 배치한 모양입니다. 천둥은 우르릉거리는 북소리와 같은 큰 소리를 내기 때문에 북을 나란히 배치해 표현한 것이고요.

"앞에서 보면 어떤 모양일까?"
"위에서 보면 어떤 모양일까?"

만 2세 때는 평면에 그려진 그림뿐만 아니라 입체에 대한 관심도 키워야 합니다. 초등학교 수학에서는 입체를 다루는 시간이 적고, 탐구할 수 있는 시간은 더더욱 제한적이기 때문이지요. 그렇다면 입체 감각을 키우기 위해서는 어떤 말을 해주면 좋을까요?

입체도형은 우리 주변에 넘쳐나는데, 71쪽에서 언급했듯이 주변에서 네모난 것이나 둥근 것을 찾는 것은 게임처럼 매우 즐거운 놀이가 될 수 있습니다. 둥근 접시뿐만 아니라 네모난 접시도 있다는 것을 알게 되면, 거기서 또 다른 의문과 흥미가 생기겠지요.

또한, 컵은 바로 위에서 보면 둥글지만, 옆에서 보면 네모로 보이는 것을 알 수 있습니다. 네모난 상자도 위에서 보면 정사각형으로, 옆에서 보면 직사각형으로 보이지요.

아이에게 "앞에서 보면 어떤 모양으로 보여?"라고 말을 건네면 진지하게 앞을 보려고 쪼그리고 앉는 경우가 있을 겁니다. "위에서 보면 어떤 모양으로 보이니?"라고 물으면 아이는 위에서 보려고 의자 위로 올라갈 수 있으니 넘어지지 않도록 주의해야 합니다.

이처럼 현실에 있는 여러 가지 사물을 접하고 또 자세히 보면서 입체감각이 발달하게 됩니다. 보기만 해서는 사물의 이면을 알 수 없습니다. 입체감을 익히기 위해서는 보는 것뿐만 아니라 실제로 손으로 만져보고 돌려 보는 것도 중요합니다.

입체를 자르면 어떤 모양이 될까?

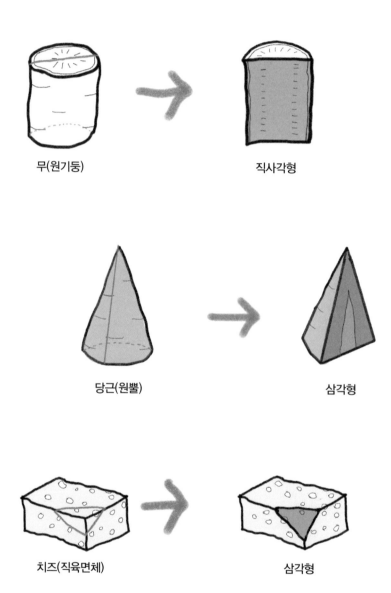

무(원기둥) → 직사각형

당근(원뿔) → 삼각형

치즈(직육면체) → 삼각형

86

예를 들어, 요리 시간은 입체감각을 키울 수 있는 소중한 기회입니다. 입체는 보는 각도에 따라 다른 모양으로 보인다는 것을 이해했다면, 다음에는 입체를 자르면 어떤 모양이 보이는지 실험해 보는 것도 좋은 방법거든요.

도마 위에서 식재료를 자를 때 어떤 모양이 나올지, 자르기 전에 아이가 어떤 모양이 나올지 예상할 수 있도록 유도해 보세요.

무와 당근은 아이에게 친숙한 채소입니다. 이것을 가지고 "지금부터 채소를 자를 거야. 자, 어떤 모양이 나올까? 두구두구~~"라고 조금 과장되게 말하는 것이 요령입니다.

무는 원통형입니다. 이것을 세로로 자르면 직사각형, 가로로 자르면 둥근 모양이 되지요. 반면 당근은 원뿔형에 가깝기 때문에 세로로 자르면 삼각형이 됩니다. 실험할 때 칼 사용에 주의해 주세요.

직육면체인 가공 치즈의 모서리를 비스듬히 자르면 삼각형이 됩니다. 실험을 하다 보면 직육면체의 단면이 당연히 사각형이라고 알고 있는 어른들이 더 놀랄 수도 있습니다.

Tip 과장되게 놀라움을 표현하며 말을 건네보세요.

"어느 쪽으로 가면 엘리베이터가 있을까?"

입체 속을
돌아다녀 보세요

아이들은 구름사다리와 정글짐을 좋아합니다. 공원이나 유치원에 있는 놀이기구를 가지고 타면서 운동능력을 키우기도 하지요. 이때 신체 인식능력, 공간 인식능력, 균형감각이 발달합니다. "높은 곳에 있으니까 어떤 게 보여?" 등의 질문도 아이에게 던져보세요.

특히 신체 인식능력은 자신의 몸의 방향을 인식하는 능력으로, 바른 자세로 생활하는 등 모든 운동과 공간 인식의 기초가 됩니다. 정글짐이라는 입체 속에서 상하좌우로 움직이고, 높은 곳에서 경치를 바라보며 놀다 보면 자연히 입체감각, 근력, 유연성을 키울 수 있게 됩니다.

시청이나 유적지, 박물관 등을 방문하거나 여객선에 오르면, 입구에 그 건물이나 배 전체의 미니어처 모형이 전시돼 있는 경우가 있습니다. 이럴 때 아이와 함께 모형을 보며 "우리가 지금 있는 데가 여기구나" "앞으로 갈 전시실은 3층, 여기 모퉁이에 있네" 등 수평과 수직을 모두 인식할 수 있는 대화를 건네보시기를 바랍니다.

미니어처 모형을 보면서 '그 안에서 움직이는 나'를 상상하는 것과 실제로 그 건물 안의 복도나 계단을 내 발로 이동하는 경험, 이 두 가지가 뇌에서 자연스럽게 연결될 때, 입체감각은 크게 확장될 수 있습니다.

이런 감각은 논리나 계산만으로는 쉽게 파악할 수 없는 입체 구조를 이해하는 기초가 됩니다.

호텔 등에 묵을 때 건물 전체의 미니어처 모형이 장식돼 있지 않더라도 입체감각이나 방향감각을 키울 수 있는 대화를 나눌 수 있습니다. 엘리베이터에서 내려서 방에 처음 들어갔을 때, "방에서 나가면 어느 쪽으로 가야 엘리베이터를 탈 수 있지?"라고 물어보세요.

호텔방 벽에는 대피 경로 안내도가 붙어있습니다. 안내도에 있는 평면도를 보면서 "저 창문이 있는 곳을 안내도에서 한번 찾아볼까?"라고 물어보면 입체적인 구조를 의식하게 도울 수 있습니다.

이러한 경험은 수학에서 필요한 발상력의 기초를 다지는 데도 필요합니다.

예를 들어 A 지점에서 B 지점으로 이동한다는 과제가 있을 때, 정글짐에 올라가 본 아이는 위쪽으로 이동하면 목적지에 도달할 수 있다는 발상을 쉽게 할 수 있습니다. 또 운동이나 이동의 경험은 도형 문제에 국한되지 않고 여러 가지 과제를 다양한 시각에서 생각하고 해결하고자 하는 의욕의 원천이 됩니다.

Tip 실제 건물 안에서 들어가서 물어보세요.

칼럼

자신의 몸으로 길이를 측정해 보세요

줄자와 같이 정확하게 길이를 측정할 수 있는 도구가 없던 시절에는 어떻게 사물의 길이를 측정했을까요?

자신의 팔다리를 사용했다고 합니다.

'1치'는 원래 검지 한 마디의 길이였지요. 그 10배가 '1척'으로, 손을 벌렸을 때 엄지 끝에서 중지 끝까지의 길이입니다. 이렇게 내 손을 물건에 갖다 대는 것으로 길이를 알 수 있었지요.

더 큰 단위는 어떨까요? '1길'은 사람의 키 정도의 길이를 뜻합니다. 신체를 사용한 측정법은 자가 없어도 측정할 수 있어 편리하지만, 자신의 1길과 친구 1길이 다를 수도 있는 단점이 있습니다.

어른과 아이도 다르겠지요. 이런 이유에서 단위를 통일할 필요가 생기게 되었고, 1791년에 프랑스가 '미터(m)'라는 단위를 제정했습니다. 당시 파견된 과학 관측대가 측정한 지구 북극에서 적도까지의 자오선 길이의 1/1000만을 1m로 정한 것입니다.

"재미있는 모양이 생겼네.
어떤 이름이 좋을까?"

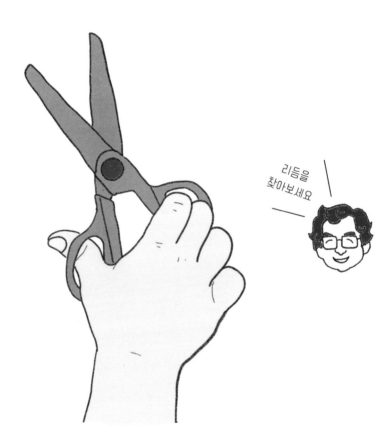

리듬을
찾아보세요

92

단순한 모양에서도 여러 가지를 발견할 수 있지만, 몇 가지 모양을 나열해 보면 그냥 접었을 때는 몰랐던 움직임과 리듬이 나타납니다. 종이접기로 쉽게 만들 수 있는 모양을 이용해 다양한 실험을 해보세요.

준비물은 색종이 한 장과 8절지 크기의 도화지 한 장입니다. 종이를 자르고 붙일 가위와 풀도 준비해 주세요. 참고로 색종이는 15cm의 정사각형이지만, 그 외에도 목적에 따른 다양한 크기의 종이가 있습니다.

먼저 "오늘은 색종이로 재미있는 모양을 만들어 보자"라고 말해보세요. 아이는 색종이가 나올 때부터 무엇을 만들지 기대에 부풀어 있을 겁니다. 먼저 15cm 크기의 색종이를 가로세로 반으로 접어서 등분하고, 접힌 부분을 따라 연필로 선을 그어주세요. 선을 똑바로 그리지 못하는 아이는 부모님이 대신 선을 그어주세요.

🔷 색종이 1장이 8개의 삼각형으로

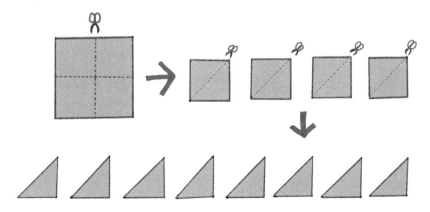

다음으로 종이를 선을 따라 자릅니다. 이렇게 해서 작은 정사각형 4개가 생겼어요. 그 각각을 삼각형으로 접어서, 접힌 부분에 선을 긋고 선을 따라 자르면, 작은 산 모양, 즉 직각이등변삼각형 8개가 생깁니다.

다 쓴 가위는 바로 안전한 곳에 보관해 주세요. "가위는 이제 안 쓸 거니까 치워두자"라고 말하면서 정리하는 습관을 길러주세요.

그 다음 도화지를 꺼내 테이블 위에 놓고 연필로 도화지에 칸을 그립니다. 자를 사용하기 때문에 부모가 도와줘야 하는데, "선은 곧게 그어야겠네. 잘할 수 있을까?"라고 이야기하면서 함께 작업하는 분위기를 만들어 주세요. 만약 아이가 선긋기를 지루해할 것 같으면 미리 선을 그은 것을 준비해 두는 것도 좋습니다. 선은 오른쪽 그림과 같이 7.5cm 정사각형 4개가 옆으로 일렬로 늘어서도록 그어주세요.

자, 이제 삼각형을 정렬해 보겠습니다. 먼저 첫 번째 삼각형을 가장 왼쪽 칸에 들어갈 수 있도록 배치하고, 위치가 정해지면 톡톡 두드리면서 풀로 붙여주세요.

다음으로 두 번째 삼각형을 처음 붙인 삼각형 위에 완전히 겹치도록 놓고, 그 위치에서 옆 칸까지 손가락으로 누른 채 움직이다가 옆 칸의 위치까지 왔을 때 멈춘 다음, 삼각형을 풀로 붙여주세요. 이 '옮기고 멈추는' 작업은 반드시 아이와 함께 "쭉쭉" "딱딱" 등의 의성어를 말하면서 해야 즐거움이 배가됩니다.

삼각형을 엇갈리게 배치해 패턴을 만들어 보자

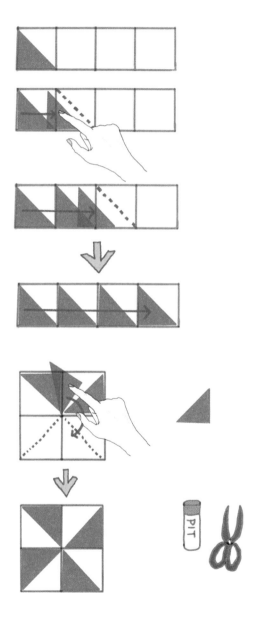

다음 세 번째 삼각형도 처음에 붙인 왼쪽 끝 삼각형 위에 딱 겹치게 놓고 "쭉쭉, 쭉쭉, 딱" 하면서 옆으로 움직여 세 번째 칸의 위치에서 멈추고 붙여줍니다. 이것도 꼭 아이와 함께 해주세요.

모양이 완성되면 "재미있는 모양이 생겼네. 어떤 이름이 좋을까?"라고 물어보세요. 이름이 떠오르지 않을 때는 부모가 "이건 쭉쭉 계속 나아가는 모양이네"라고 말하는 것도 괜찮습니다.

남은 색종이와 도화지는 따로 보관했다가 나중에 빙글빙글 도는 모양(95쪽 아래 그림)을 만들어 보세요. 이런 모양을 수학 용어로 '회전'이라고 합니다. 둘 다 완성되면 벽에 붙이고 "이건 빙글빙글 모양이네"라고 이야기해 주면 좋습니다. 이렇게 하면 모양과 리듬, 소리가 이미지로 연결되면서 아이의 수학적 감각이 저절로 길러지게 됩니다.

Tip 　　　도형을 움직일 때는 의성어를 넣어 말해주세요.

종이의 앞면과 뒷면을 활용해
패턴을 만들어 보세요

95쪽에서 만든 삼각형으로 자른 색종이를 이용해 밀기, 돌리기뿐만 아니라 '뒤집기'를 포함하는 패턴을 만들어 봅시다.

먼저 색종이를 4등분하여 직각이등변삼각형 8개를 만듭니다. 단, 뒤집어도 색이 보일 수 있도록 앞뒤 색이 다른 양면 색종이를 사용하세요. 그런 다음 삼각형들을 도화지 위에 아래 그림과 같이 1열 혹은 2열로 붙입니다. 이때 직전에 붙인 삼각형 위에 새로운 삼각형을 겹쳐 놓은 다음, 그것을 뒤집어서 현란하게 보여주고 풀로 붙여줍니다.

다 만들어지면 '빙글빙글 돌돌돌' '뾰족한 깡통' 등 이름을 붙이는 것도 재미있을 겁니다.

앞면과 뒷면으로 패턴을 만들어 보자

"어떤 모양이 될까? 기대된다."

종이를 접고
잘라보세요

우리 주변에는 대칭 형태가 넘쳐납니다. 아이들이 좋아하는 나비의 날개나 동물의 얼굴도 그렇고, 자연 풍광 역시 좌우대칭으로 보이는 위치에서 찍은 사진이 가장 아름답다고 하지요. 현미경으로 보는 눈송이 역시 아름다운 대칭형이고요.

대칭도형과 친해지는 방법은 직접 만들어 보는 겁니다.

방법은 이렇습니다. 먼저, 색종이를 반으로 접습니다. 사각형으로 접어도 되고, 삼각형으로 접어도 됩니다. 그리고 자를 곳에 부모님이 연필로 선을 그어주고, 아이가 선을 따라 자르도록 도와주세요. 이때 "어떤 모양이 나올까?" 등의 말을 건네면 아이는 자신이 하는 일의 의미를 알게 되고, 어떤 결과가 나올지 기대하며 작업할 수 있습니다.

선을 따라 자르면 "잘 잘랐구나. 이제 펼쳐볼까?"라고 말하며 아이가 접힌 부분을 펼쳐보게 하세요. 그러면 아이는 "아, 별이 생겼어!"라며 즐거워할 거예요.

여기서 처음 접은 선이 대칭도형의 '대칭축'이 됩니다. 즉, 잘라낸 도형은 그 선을 중심으로 좌우대칭이 되는 것이지요.

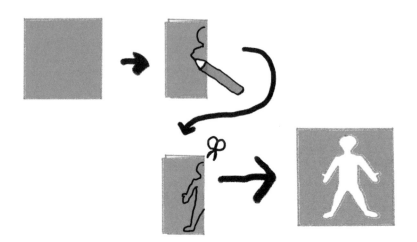

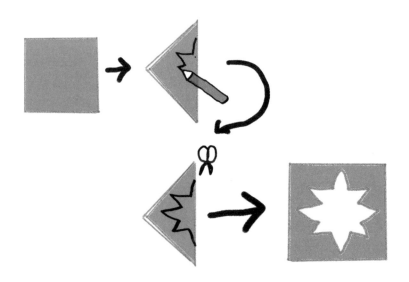

조금 큰 아이라면 '대칭축'이라는 단어를 자연스럽게 사용해 보는 것도 좋습니다. 단어가 존재한다는 것은 그 선에 어떤 의미가 있다는 것을 알려주는 메시지가 되기도 하니까요.

며칠 후 다시 종이접기 놀이를 할 때 아이가 대칭축이라는 단어를 잊어버렸다고 해도 걱정하지 않아도 됩니다. 아이가 "그게 뭐였지?"라고 말하며 기억하고 싶어하는 모습을 보이면 알려주면 되고, '가운데 선'과 같이 아이만의 언어로 표현을 했다면 그것으로 충분합니다.

아이에게 종이 자르기는 훌륭한 과학 실험입니다. 선의 모양과 각도를 바꿔서 이번에는 오려보세요. "어떤 모양이 나올지 같이 생각해 볼까?"라고 말을 걸어보는 것도 좋습니다.

처음에는 실수할까 봐 아무 말도 하지 않을 수도 있지만, "실수해도 괜찮아" "음, 이번엔 좀 어렵네. 이런 모양일까?"라고 말하며 부모도 함께 참여하면, 아이들도 점차 자신있게 말을 하게 됩니다.

Tip 어떤 형태가 될지 예상하며 이야기해 보세요.

"펼치면 전혀 다른 모양이 될 수도 있겠네."

종이를 접고 접고
잘라보세요

색종이를 여러 번 접은 후 자르면 어른들도 상상할 수 없는 신기한 모양이 만들어집니다.

방법은 간단합니다. 왼쪽의 그림과 같이 종이를 세 번, 또는 네 번 접으면 작은 정사각형 또는 삼각형들이 만들어집니다. 접은 종이에 연필로 직선이나 둥근 선을 그리고 그 선을 따라 잘라주세요.

두 번 접으면 아이는 너무 두꺼워서 자르지 못할 수도 있으니, 부모님이 자르는 것을 도와주세요. "자, 두 번 접으면 어떤 모양이 생길까?"라고 말하면서 접고 펼치는 것을 보여주세요. 그러면 같은 모양이 네 번 반복된다는 것을 알게 될 겁니다. 두 번 접었기 때문에 대칭축도 두 개가 생기는 것이지요.

자르는 위치가 항상 종이의 중앙 부근일 필요는 없습니다. 가운데에서 벗어나 종이를 자르면 종이를 펼쳤을 때 구멍이 여러 개 뚫린 재미있는 모양도 만들어집니다. 이것도 대칭적인 모양이라는 점에는 변함이 없지만, 연결된 부분의 개수가 늘어납니다.

또한, 두 번 이상 접어서 각도가 생길 수 있도록 선을 긋고 적당한 곳을 자르면 펼쳤을 때 정육각형이나 그에 가까운 모양이 만들어지는데(왼쪽 아래 그림), 이것도 아이들이 꽤 재미있어 합니다.

이렇게 여러 가지 모양을 만든 후 무엇으로 보이는지를 물어보면 다양한 대답이 돌아옵니다. 펼쳐진 도형 중 어디에 접힌 선이 남아 있는지 찾아보는 것도 재미있습니다. 이 접힌 선이 바로 '대칭선'입니다. 이 대칭선을 활용해 종이접기를 하면, 같은 모양이라도 아이의

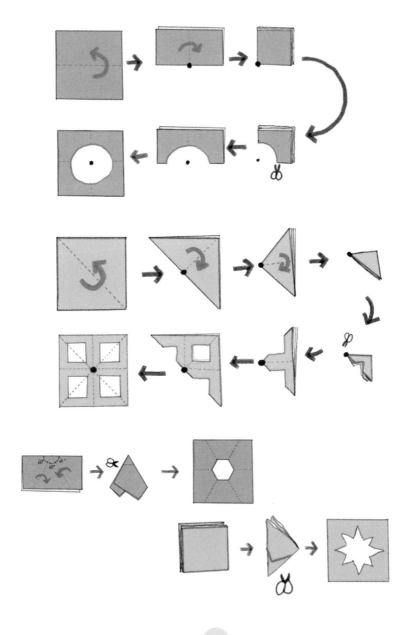

눈에는 정말 다양한 사물로 보인다는 것을 알 수 있습니다. 아이는 더 나아가 자른 모양에 색을 칠하거나 연필로 눈과 입을 그리며 놀기도 하는데, 아이들에게 선긋기가 쉽지는 않은 활동이지만 이렇게 수학과 놀이를 구분하지 않는 활동이 아이들의 수학적 감각을 길러주는 데 도움이 됩니다.

제가 좋아하는 말 중에 '잘 놀고 잘 배우자'라는 말이 있습니다.

상상력과 감수성이 풍부하고 형태에 친근감을 느끼는 아이로 키우기 위해서는, 수학적 시각으로 사물을 보는 연습도 필요하지만, 형태를 가지고 자유롭게 놀 수 있는 시간도 중요합니다. 이 두 가지를 잘 보완하면서 수학적 감성과 이론적 구상력을 뒷받침하는 기초를 다질 수 있도록 해야 합니다.

Tip 아이 내면의 숨은 과학자를 찾아주세요.

"이 모양은 어떤 느낌일까?"

사물의 모양이나 움직임을 흉내 낸 말을 '의태어'라고 합니다. 왔다 갔다, 지그재그로 구부러진 선은 들쭉날쭉한 느낌이 들고, 나선형으로 회전하는 선은 빙글빙글 도는 느낌이 들지요.

아이에게 아래 그림과 같은 다양한 모양을 보여주며 "이 모양은 어떤 느낌일까?"라고 물어보세요. 어떤 느낌인지 부모님도 함께 이야기해 보세요.

이렇게 모양을 보면서 느낀 점을 소리나 말로 표현하는 것은 어른과 아이 모두가 즐길 수 있는 놀이입니다. 특히 말을 시작한 지 얼마 안 된 아이의 대답에는 어른이 상상할 수 없는 기발한 표현이 아주 많습니다.

다양한 선을 보고 '느낌'을 말해보자

같은 그림을 보고도 어떤 아이는 '꽝'이라 하고, 어떤 아이는 '별'이라고 합니다. 정답은 없습니다. 그러니 어떤 답이 나오더라도 "그렇구나. 그런 느낌이 들었구나"라고 공감해 주고, 대답한 것을 칭찬해 주는 것이 중요합니다.

이 게임은 그림책에서 재미있는 모양의 선을 발견했을 때, 길거리 포스터에서 재미있는 모양을 발견했을 때 등 언제 어디서든 할 수 있는 놀이입니다. 부모님이 종이에 선을 그려 보여주면서 아이와 대화를 나눌 수도 있지요.

아이들이 좋아할 만한 의태어에는 덜컹덜컹, 반짝반짝, 뱅글뱅글, 빙글빙글, 대굴대굴, 사각사각, 총총, 주룩주룩, 살랑살랑, 매끈매끈, 울퉁불퉁, 삐죽삐죽, 느릿느릿, 톡톡, 나풀나풀, 둥실둥실, 부글부글, 주렁주렁, 중얼중얼, 둥둥, 통통, 뭉게뭉게, 흔들흔들, 비틀비틀 등이 있습니다.

제 3 장

'규칙성'을
찾아내는 말

규칙성을 찾는 말의 법칙

수와 모양을 인식하는 능력과 함께 수학력의 기초가 되는 것은, 규칙성을 알아차리고 발견하는 능력입니다. 이 능력은 논리적 사고력과 달리 누구나 선천적으로 가지고 있는 직관적인 패턴 인식능력을 기반으로 합니다.

지하철역 승강장에 있는 사람들을 바라보다가 문득 학창 시절 친구의 얼굴을 발견할 때가 있습니다. 이때 작용하는 것이 바로 패턴 인식능력이지요.

이 능력은 무의식적으로 잘못된 판단을 내리게 하는 원인이 되기도 합니다. 수양버들이 바람에 흔들리는 것을 보고 유령이 있는 것 같다고 느끼는 것도 여기에 해당하지요.

이 장에서는 아이가 일상에서 규칙성을 발견하는 힘을 키우고, 확장해 나갈 수 있는 언어에 대해 설명했습니다. 게임을 통해 간단한 규칙성을 발견할 수 있는 언어도 포함됐습니다.

아이는 일렬로 늘어선 물건을 보거나 연속적으로 들리는 소리를 들을 때 규칙성을 느낄 수 있습니다. 리듬에 맞춰 몸을 움직이는 것도 좋아하지요. 어떤 아이는 사소한 말투의 차이에서 미묘한 뉘앙스를 느끼거나 웃음을 터뜨리는 뛰어난 감수성을 갖고 있기도 합니다.

부모와 아이가 함께 규칙적인 배열을 리드미컬하게 말하면 아이에게 규칙성이 더욱 친숙하고 재미있게 다가올 것입니다.

또한, 자연에 존재하는 규칙성을 발견하고, 스스로 규칙성을 만들어 낼 수도 있습니다.

규칙성은 퍼즐과도 관련이 있습니다. 숨어있는 규칙성을 찾아내면 난해해 보이던 퍼즐이 순식간에 풀리는 경우가 있습니다. 이럴 때는 "아, 그렇구나!"라는 감탄사를 대화에 넣어보세요.

벽에 걸린 달력에서 얼마나 많은 규칙성을 발견할 수 있는지 경쟁하는 것도 재미있습니다(118쪽 참조).

이 장에서는 카드나 블록, 또는 종이에 그린 도형을 사용하여 규칙성을 발견하거나, 예측을 하는 몇 가지 놀이를 소개합니다. 몇 가지의 사물에서 짝을 찾거나 전체를 그룹으로 분류하는 놀이는 수학에서 중요한 '집합'의 개념으로 이어집니다.

"같은 수국인데 꽃 색깔이 다르네."

새로운 무언가를
발견해 보세요

다른 것과의 미묘한 차이를 감지하는 패턴 인식능력은 수와 도형 인식과 함께 수학의 기초가 되는 중요한 능력입니다.

그렇다면 아이의 패턴 인식능력은 어떻게 키워줄 수 있을까요? 패턴 인식은 논리적 사고력과 달리 무의식적으로 작용하는 직관적인 능력입니다. 따라서 '가르친다고' 키울 수 있는 것이 아니지요.

아이의 패턴 인식능력을 키우기 위해서는 주변 사물에 담긴 의미와 패턴을 인식하고, 미세한 차이도 감지할 수 있도록 부모님이 평소에 '감성의 안테나'를 세워두는 것이 중요합니다.

평소에 부모님이 감수성과 공감 능력을 키우고, 사람에 대한 배려를 소중히 여긴다면, 아이가 사소한 것 하나라도 발견했을 때 기쁨을 나눌 수 있게 됩니다.

"작은 새가 지저귀고 있네. 무슨 이야기를 하는 걸까?"

"나뭇잎이 떨어졌구나. 바람이 세게 불었나 봐?"

이러한 부모와의 상호작용을 통해 아이는 타고난 직관력을 발휘하게 됩니다.

바쁜 일상 속에서 아이와 함께할 수 있는 짧은 시간은 발견의 기쁨을 나눌 수 있는 절호의 기회입니다.

봄이 다가오면 꽃향기가 풍기기 시작합니다. 이런 날 함께 산책을 가면서 "오늘은 벚꽃을 찾으러 가자"라고 말해보세요. "날씨가 따뜻해졌으니 이제 막 꽃이 피기 시작했겠지?" "몇 송이나 찾을 수 있을까?" "몇 개나 찾을 수 있는지 경쟁해 볼까?"라고 말해보는 것도 좋습니다.

"같은 수국인데 꽃 색깔이 달라요. 왜 그럴까요?"
이렇게 비가 오는 날에도 다양한 발견을 할 수 있어요.
물어보는 말이 꼭 옳은 발견이나 새로운 발견일 필요는 없습니다. 아이가 '왜 그럴까?'라고 생각한다면, 그 대화는 성공한 것입니다.
관찰과 발견의 게임은 무심코 지나쳤던 일상의 풍경을 뜻밖의 깨달음과 즐거움의 시간으로 바꿔줍니다. 아이의 관찰력에 놀라게 되는 경우가 많으며, 부모에게도 관찰력을 키울 수 있는 기회가 되기도 하지요.
부모와 아이가 함께 훈련한다는 마음으로 발견의 시간을 생활 속에 녹여보는 것은 어떨까요?

Tip 꼭 새로운 발견이 아니어도 괜찮아요.

02 패턴 인식능력 키우기

"다음에는 어떤 색이 나올까?"

패턴을
찾아보세요

우리는 일상속 다양한 상황에서 패턴 인식능력을 사용합니다. 예를 들어, 간단한 규칙에 따라 물건이 나열돼 있다고 생각해 보세요. 대부분의 사람들은 그 줄을 조금만 관찰해도 어떤 규칙에 따라 배열했는지 알 수 있습니다.

아이들도 비슷한 능력을 가지고 있을까요?

간단한 패턴 놀이로 이를 확인해 볼 수 있습니다.

테이블 위에 초콜릿과 캐러멜을 번갈아 가며 몇 개씩 올려놓고 "다음에는 뭐가 나올 것 같아?"라고 물어보세요. 물론 장난감 보석이나 게임카드 등 주변에 있는 물건이면 무엇이든 상관없습니다.

예를 들어, 보석을 '빨강, 파랑, 빨강, 파랑'으로 번갈아 가며 나열해 놓았다고 가정해 봅시다. "다음은 무슨 색일까?"라고 물으면, 아이는 "다음은 빨강이야!"라고 대답할 것입니다.

빨간색과 파란색은 '바꾸기'로 나열되어 있습니다. 그럼 세 가지 색을 사용해서 '빨강, 파랑, 노랑, 빨강, 파랑, 노랑'이라고 나열했을

다음은 무엇이 올까?

◎, ◎, △, △, ☆, ◎, ◎, △, △, ☆······

●, ●, ●, ●, ●, ●, ●, ●, ●······

1, 2, 3, 2, 1, 2, 3, 2······

때는 어떨까요? 이 경우에도 아이는 규칙을 쉽게 알아냅니다. 이것은 3박자 리듬으로 나열되어 있으니까요.

같은 3박자라도 두 가지 색만 사용해서 '빨강, 파랑, 파랑, 빨강, 파랑, 파랑'이라고 했을 때는 어떨까요?

이때도 아이는 순식간에 패턴을 이해하고 "빨강이야! 그런 거 쉬워"라고 대답할 겁니다. 문제를 풀었을 때의 기쁨은 어른이든 아이든 같습니다.

이 게임은 ◎, △, ☆와 같은 모양을 사용해서도 놀이할 수 있으며, 원리는 똑같습니다. 그 외에도 다양한 변형을 시도해 볼 수 있습니다. 아이에게 문제를 내도록 하는 것도 좋습니다.

규칙성은 수학의 기초일 뿐만 아니라 음악, 미술, 체육의 기초가 되는 중요한 인지능력입니다.

⬡ 규칙과 리듬을 찾아보자

Tip　　아이가 문제를 내게 하는 것도 좋은 방법이에요.

달력의 숫자와 규칙성

규칙성은 생활 속 여러 가지 상황 속에 숨어있습니다. 조금만 주의를 기울이면 재미있는 규칙성을 발견할 수 있지요.

예를 들어, 달력의 숫자만 가지고도 여러 가지 규칙성을 발견할 수 있습니다. 이것은 숫자 계산을 어느 정도 할 수 있는 만 6세 이상의 아이나 계산에 흥미를 느끼기 시작한 아이들을 위한 활동입니다.

오른쪽 아래에 있는 달력을 볼까요?

4 아래에는 11이 있고, 14 아래에는 21이 있고, 24 아래에는 31이 있습니다. 숫자 7의 열을 보면 '7, 14, 21, 28'로 7씩 증가하고 있습니다. 이것은 다른 열에 대해서도 마찬가지입니다.

그럼 숫자 3에서 대각선 왼쪽 아래로 더듬어 가면 어떨까요? '3, 9, 15, 21, 27' 이렇게 3의 배수만 나열되어 있습니다. 숫자 8에서 대각선 오른쪽 아래로 더듬어 가면 '8, 16, 24' 이번에는 8의 배수만 나열되어 있지요. 어디에서 출발해도 대각선 45도에 따른 숫자는 모두 짝수 또는 홀수로 되어있습니다.

달력에서 '1, 2, 8, 9'처럼 네모나게 늘어선 네 개의 숫자 덩어리를 볼까요? 이 4개의 숫자 중 대각선으로 배치된 숫자끼리 더하면 1+9=2+8로 되어있는 것을 알 수 있습니다. 이것은 사각형으로 늘어선 어떤 4개의 숫자에 대해서도 똑같이 적용됩니다.

나란히 배치된 세 개의 숫자는 어떨까요?

가로로 늘어선 6, 7, 8 중 양 끝의 6과 8을 합하면 14로, 가운데 7의 딱 2배가 됩니다. 또한 세로로 늘어선 '3, 10, 17'에 대해서도 위아래의 3과 17을 합하면 20으로, 가운데 10의 딱 2배가 되는 것을 알 수 있어요.

비스듬히 늘어선 '2, 8, 14'에 대해서도 양 끝의 2와 14를 합하면 16이므로 가운데 8의 딱 2배가 되지요. 달력 숫자에는 이외에도 여러 가지 재미있는 패턴이 있다는 것을 알 수 있습니다.

이런 발견은 달력을 보다가 문득 깨닫게 되는 경우가 많습니다. 어떤 발견을 할 수 있을지 아이와 함께 이야기해 보는 것도 좋습니다.

"방식을 조금 바꿔보는 건 어떨까?"

술래잡기, 야구, 축구 등 모든 놀이에는 규칙이 있습니다. 할머니, 할아버지의 어린 시절 아이들은 공원이나 공터에서 '오징어 놀이(국내의 방식과 조금 다름 – 편집자 주)'라는 것을 자주 했습니다.

대체로 야구와 비슷한 규칙을 갖고 있지만, 주자는 1루→3루→홈의 순서로 달리고, 2루가 없는 것이 특징이지요. 또 '투명'이라는 특이한 규칙이 있었는데, 이는 인원이 부족할 때, 루에 있던 사람이 타석에 서면 그 사람이 있던 루에 투명 인간이 주자로 있는 것으로 간주하고 놀이를 계속하는 것입니다.

당시 아이들은 TV를 통해 야구 규칙을 알고 있었지만, 아이들은 자신들이 할 수 있는 규칙으로 바꾸어 놀기도 하고, 경기 중 토론을 통해 규칙을 바꾸기도 했습니다. 규칙을 바꾸는 건 고도의 지적 작업이지만, 아이들이 더 즐겁게 놀기 위해 머리를 쓰는 데는 아무런 어려움이 없었습니다.

'고귀'라는 술래잡기 놀이도 있었습니다. 이 놀이에는 높은 곳에 있으면 도깨비에게 잡히지 않는다는 규칙이 있습니다. 도깨비에게 쫓길 때, 한 단계 높은 포석 위로 도망치면 안심할 수 있는 것이지요.

하지만 그 규칙만으로는 도깨비에게 잡히는 사람이 없어 게임이 진행되지 않습니다. 그래서 도깨비가 누군가를 높은 곳에 몰아넣으면 10까지 세고, 그 사이에 높은 곳에 있는 아이는 다른 곳으로 이동해야 한다는 규칙이 추가되었지요.

규칙은 단순히 지키기 위해서만 있는 것이 아닙니다. 필요에 따라 규칙을 바꾸면 더 재미있게 놀 수 있는 경우도 있습니다.

창의적인 발상은 규칙의 패턴을 바꿔보는 것에서 시작된다고 해도 과언이 아닙니다. 음악의 재미가 악보를 변형해 연주하는 데 있듯이 말이지요.

종이접기를 할 때 접는 방법을 조금 다르게 해보거나, 레시피에 적힌 재료가 없어서 다른 재료를 사용해 요리를 하는 것도 좋은 방법입니다. 이제 막 숫자를 쓰기 시작한 아이가 배운 순서가 아닌, 그 반대 순서로 써보는 등 배운 방식이나 규칙을 바꿀 수 있는 여지는 곳곳에서 발견할 수 있습니다.

"여기서는 조금 다르게 해보는 건 어때?"라는 말은 다양한 상황에서 사용할 수 있으며, 방식을 바꾸는 것에 대한 거부감을 조금이나마 덜어주고 창의적인 활동으로 아이들을 초대하는 계기가 될 수 있습니다.

Tip   규칙을 조금 바꿔보세요.

'오른쪽'과 '왼쪽'이 헷갈린다?

아이들에게 '오른쪽'과 '왼쪽'이라는 단어를 사용하는 것은 어려운 일인 것 같습니다. 오른쪽, 왼쪽이라는 단어의 의미가 말하는 사람에 따라 달라지기 때문이지요.

인류학자들의 보고에 따르면, 호주 원주민의 언어 중에는 오른쪽, 왼쪽이라는 단어가 없는 언어가 있다고 합니다. 대신 '동서남북'이라는 말을 사용하고 있다고 하지요.

일본에도 지형에 따라 오른쪽, 왼쪽이라는 말을 쓰지 않는 마을이 몇 군데 있습니다.

합창단원, 지휘자, 연출가, 배우 등 무대 예술에 종사하는 사람들은 홀에서 오른쪽, 왼쪽이라는 말을 사용하지 않고, 대신 상수上手(관객이 봤을 때 무대의 오른쪽), 하수下手(관객이 봤을 때 무대의 왼쪽)라는 말을 사용합니다. 무대에서 공연하는 사람들이 보는 좌우가 관객이 보는 좌우와 완전히 반대라, 혼동하기 쉽기 때문이지요.

아이들이 오른쪽, 왼쪽이라는 단어를 사용한 의사소통이 어렵다고 느끼는 것은 방향감각이 아직 미숙해서라기보다는 오른쪽, 왼쪽이라는 단어의 의미가 누구를 주체로 생각하느냐에 따라 그 의미가 뒤바뀌기 때문이라고 할 수 있습니다.

"아까는 몇 개였지?"

숨은 관점을
찾아보세요

어떤 퍼즐은 단순한 규칙성을 발견하는 것만으로도 쉽게 풀 수 있습니다. 그러나 규칙성을 발견하기 위해서는 몇 가지 사례를 관찰하고 그 속에 숨겨진 패턴을 주의 깊게 읽어내는 것이 필요합니다. 우연히 숨겨진 패턴을 발견하기도 하지요.

숨은 규칙성이 누구나 알 수 있는 단순한 것일수록 발견했을 때의 기쁨과 즐거움은 더 커지게 됩니다.

무심코 "아하!"라고 말하고 싶은 경험을 영어로 'Aha! Insight'라고 하는데, 이 단어는 아이에게도 중요한 단어입니다. 부모가 평상시 아이들과의 대화 중에 "아하!"라고 말하고 싶은 순간을 의식적으로 많이 만들어 주면, 아이와의 대화가 즐거워질 것입니다.

예를 들어, 아래 그림과 같은 도형을 그려 보여주며 "이건 암호야. 뭐라고 쓰여있는지 알겠니?"라고 물어보세요. 모든 도형이 좌우대칭이라는 것을 알아차리면 이 암호는 쉽게 풀릴 것입니다. 직관이 좋은 아이는 이런 관점을 알아차릴 수 있습니다.

부모님과 아이가 함께할 수 있는 게임을 하나 더 소개하겠습니다.

🔷 신비한 도형의 암호

125

손가락으로 1, 2, 3의 세 가지 수를 보여주기만 하면 되는 게임입니다. 먼저 손가락으로 1을 보여주고, "이게 기본이야"라고 이야기를 하세요. 그 다음에 손가락으로 2를 보여주고, "이게 1이야"라고 이야기를 해요.

마지막으로 손가락으로 3을 보여주고, "이건 2야"라고 이야기를 합니다. 힌트는 여기까지입니다. 그 다음에 손가락으로 2를 제시하고, "그럼 이게 뭘까?"라고 하면 대부분의 아이들은 "1"이라고 대답할 거예요. 그러면 "아니야, 이건 3이야"라고 말해주세요.

그 다음에 손가락으로 '1'을 보여주고 "그럼 이게 뭘까?"라고 하면 대부분의 아이들은 "1"이라고 대답하거나 "기본"이라고 대답할 겁니다. 그러면 "아니야, 이건 2야"라고 말해줍니다.

질문을 들으면 아이는 혼란스러워합니다.

이 퍼즐은 아이가 알아차릴 때까지 계속할 수 있지만, 사실 어른들도 어려워하는 경우가 많습니다. 이 퍼즐을 푸는 키워드는 '기억'입니다.

⬡ 표로 정리하면 이해하기 쉽다

문제	1	2	3	2	1	
정답	기본	1	2	3	2	?

이제 그 비밀을 밝히겠습니다.

지금까지의 문제와 정답을 표로 정리하면 왼쪽 아래의 그림과 같습니다. 이 표에서 색깔로 표시한 대각선의 칸끼리 숫자가 같다는 것을 알 수 있습니다. 다른 곳에서도 정답 칸의 숫자가 왼쪽 위 칸에 있는 숫자와 같다는 것을 알 수 있지요.

정답은 '앞에 손가락으로 나타낸 숫자'였습니다. 예를 들어 그림의 '?'에 들어가는 정답은 바로 전 손가락으로 나타낸 숫자, 즉 '1'임을 알 수 있습니다.

답은 단순하지만, 아무리 생각해도 눈치채지 못하는 경우가 있습니다. 그럴 때는 "어, 아까 손가락이 몇 개였지?"라고 조금만 힌트를 주면 됩니다.

Tip 약간의 힌트를 말해주세요.

"어떤 무늬를 만들 수 있을까?"

재미있는 패턴을
만들어 보세요

패턴을 발견하고 규칙성을 발견하는 능력은 창의성과 큰 관련이 있습니다.

창의적인 일을 하는 화가는 새하얀 캔버스에 자유롭게 그림을 그리는 것처럼 보이지만, 주제와 미술 도구, 물감이라는 제약이 있습니다. 그 제약 속에서 새로움을 만들어 내는 것이 창작 활동이라고 할 수 있지요.

그림 그리기나 공작은 물론, 색칠 공부, 종이접기 등에도 창의성을 발휘할 수 있는 여지가 많습니다.

97쪽에서 소개한 작은 삼각형으로 자른 색종이를 나란히 놓아 재미있는 패턴을 만들어 보세요.

삼각형으로 자른 색종이를 테이블 위에 올려놓기만 해도 아래 그림과 같이 방향이 정해집니다. 쉽게 정렬할 수 있도록 색종이를 판지에 붙여서 조각을 만들어도 좋습니다.

"어떤 무늬가 나올지 기대되네"라고 말하면서 조각을 한 장씩 테이블 위에 놓아보세요. 아이와 함께 배열해서 재미있는 무늬가 나오

◈ 삼각형만으로 4가지 패턴을 만들어 보자

면 "이건 방석 같네" "풍차 모양이네" "재미있다"라고 이야기 해주세요.

마음에 드는 패턴이 생기면, 아이의 이름을 넣어 이것을 '○○의 타일'이라고 부르자고 제안합니다. 그리고 "지호의 타일이 많으면 어떤 무늬를 만들 수 있을까?"라고 물으면서 오른쪽 그림과 같이 삼각형을 더 늘어놓습니다.

"자, 가운데에 거꾸로 돌아가는 풍차가 생겼어"라고 말하며 타일을 반복해 배열하고 예상치 못한 리듬과 패턴이 만들어지는 것을 아이와 함께 경험해 보세요. 아이는 중간에 조금 더 발전된 형태나 다른 패턴 만들기를 시작할 수도 있습니다. 어떤 것이 만들어지든, 이것은 그 아이만의 '작품'입니다. 많이 칭찬해 주세요.

> **Tip**   결과보다 과정을 칭찬해 주세요.

◇ 4개 조각으로도 여러 가지 무늬가 생긴다

⬡ 많이 늘어놓으면 생각지도 못한 패턴이 나타난다

06 줄 서는 순서 알아차리기

"자, 다음은 어떤 형태일까?"

규칙을 찾아보세요

어떤 규칙에 따라 물건들이 줄지어 있습니다. 그것들을 보고 어떤 규칙인지 알 수 있을까요?

숫자가 늘어선 '수열'에 대한 내용은 수학책에 많이 있지만, 여기서는 간단한 도형을 배열하면서 퀴즈를 푸는 기분으로 아이와 함께 탐구해 보세요.

아래 그림에서는 네 개의 사각형 중 왼쪽 세 개의 사각형 일부가 빨갛게 칠해져 있습니다. 왼쪽 세 개의 그림을 보고 네 번째 사각형이 어떻게 칠해져 있는지 상상할 수 있을까요?

유아용 교재에는 이와 같은 문제가 많이 실려있습니다. 물론 이런 문제가 아이와 함께 탐구 놀이를 하는 데 큰 도움이 되지만, 중요한 것은 부모가 교재의 그림을 실제로 그려 보이고, "다음은 어떤 형태일까?"라고 말을 건네는 것입니다.

이때 머릿속으로 생각만 하는 것보다, 주변에 있는 두꺼운 종이를 같은 크기로 자르고 그림을 그려서 빙글빙글 돌리면 부모와 아이 둘다 더 쉽게 이해할 수 있습니다.

오른쪽 사각형은 어떻게 칠해졌을까?

골판지를 자르고, 블록이나 딱지 대신 사용할 수 있는 것을 찾는 것은 번거로울 수 있지만, 너무 어려워서 할 수 없는 경험은 아이가 본래 가지고 있는 지적 호기심에서 멀어지게 만듭니다.

부모와 아이가 함께 즐길 수 있는 퀴즈인 만큼, 주변의 물건을 이용해 한눈에 알아볼 수 있는 쉬운 문제로 바꿔보세요. 이를 위한 부모의 노력은 아이의 "할 수 있어요! 이런 건 쉬워요. 더 하고 싶어요"라는 기특한 말로 보상을 받을 수 있을 겁니다.

더 하고 싶어하는 아이에게는 또 다른 문제를 보여주는 게 좋습니다.

오른쪽의 그림을 참고해서 우리 아이만의 패턴을 다양하게 생각해 볼 수 있도록 도와주세요.

이러한 능력은 앞으로 아이가 수학을 즐기는 데 매우 중요한 기초가 될 것입니다.

쉽게 싫증을 내는 것도 아이들의 특징이기 때문에 한참을 놀다가 무리하지 않는 선에서 "잘했어. 내일 또 하자"라는 식으로 흥미를 유지해야 합니다.

Tip   부모가 함께 고민하고 아이와 실제로 해보세요.

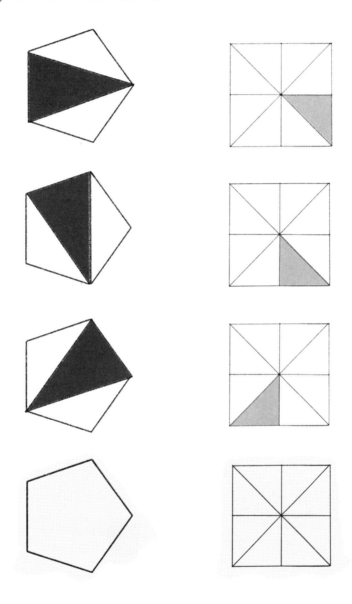

⬡ 맨 아래의 그림은 어떤 패턴이 나올까?

07 다양한 모양 만들기

"이것과 같은 모양을 만들 수 있을까?"

블록을 가지고
놀아보세요

'쌓기'는 물건의 모양이나 높이를 인식하거나 손가락으로 물건을 잡는 연습을 하는 데 최적의 놀이입니다. 또한 손이 목제 블록에 닿는 촉감은 부모와 아이 모두에게 신선한 경험이 될 것입니다.

블록은 사방 3cm의 주사위 크기가 좋습니다. 단, 표면이 거칠거칠하니 아이와 놀기 전 모서리와 표면을 사포로 갈아 표면을 매끄럽게 만들어야 합니다.

만 2세 전까지는 주로 블록을 쓰러뜨리는 놀이가 주를 이루지만, 점차 손으로 잡거나 쌓아 올리는 놀이를 할 수 있게 됩니다. 처음에는 가로로 나란히 놓거나 세로로 쌓는 놀이를 해보세요. 누가 가장 높이 쌓을 수 있는지 부모와 아이가 경쟁해도 좋습니다. 다음과 같이 블록으로 다양한 모양을 만들어 보세요.

🔷 같은 모양을 만들어 보자

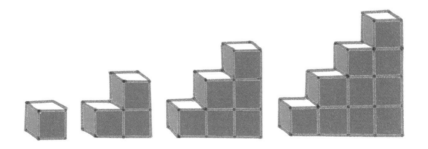

예를 들어, 부모가 계단 모양을 만들었다면 "이 모양과 같은 모양을 만들 수 있을까?"라고 물어보세요. 또 잘 만들었다면 칭찬해 주세요.

한참을 하다 보면 순서를 바꿔서 "이번에는 지호가 뭔가를 만들어 봐"라고 말해보세요. 아이는 유난히 어려운 모양을 만들 수도 있습니다. 그러면 부모도 진지해질 수밖에 없습니다. 그런 때는 "이건 어렵네. 할 수 있을까?"라고 말하면서 아이의 의욕을 북돋아 주세요.

계단 모양, 화단 모양 등 간단한 모양에 이름을 붙여주면 아이는 금방 기억합니다. 모양을 외우면 "더 큰 계단을 만들 수 있을까?"라고 물어보세요.

계단의 개수를 점점 늘려가다 보면 같은 계단이라도 다양한 크기의 계단을 만들 수 있다는 것을 상상할 수 있을 겁니다. 그것을 실제로 만들 수 있는지 아이와 함께 확인해 보세요. 탑 모양 등을 만들어보는 것도 좋습니다.

모양이 완성되면 "몇 개의 블록을 사용했어?"라고 물어보세요. 이렇게 물어보면 수를 세는 연습도 할 수 있습니다.

Tip 만드는 즐거움을 공유해 보세요.

점점 더 큰 것을 만들어 보자

● 화단 모양

● 탑 모양

● 무슨 모양일까?

"하나만 다른 게 있을까?"

독특한 것을
찾아보세요

그림①에서는 사각형이 많이 있고, 동그라미가 하나 있습니다. 이 것이 바로 한 무리입니다. 그림②는 어떨까요? 이번에는 반대로 사각형이 하나 있네요.

이렇듯 어떤 것이 소외되는지는 다른 요소와의 관계에 따라 결정 됩니다. 또한 형태에 초점을 맞추느냐, 색에 초점을 맞추느냐에 따라 달라질 수 있습니다. 무리 중 다른 성질 하나를 찾으면 그것이 독특한 존재가 되는 것이지요.

다른 성질 찾기

● 그림①

● 그림②

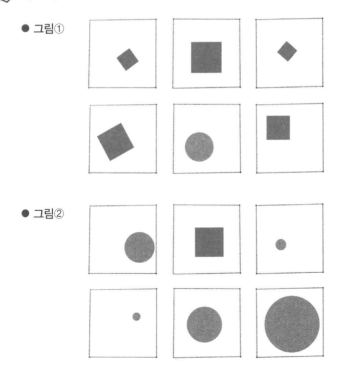

아이와 함께 있을 때 간단한 도형을 그려서 보여주고 차이점 찾기 게임을 해보세요.

"이 중에서 하나만 다른 것은 무엇일까?"

이 놀이는 주변에서 쉽게 볼 수 있는 것들로도 할 수 있습니다. 놀이기구를 좋아하는 아이와 함께 놀이기구가 그려진 카드를 모아 놀이를 하고, 인형을 좋아하는 아이는 집에 있는 인형을 가져와 할 수도 있습니다.

예를 들어, 아래 그림의 교통수단 중 비행기만 하늘을 날고 다른 탈것들은 지상을 달립니다. 반면, 마차는 동물이 끌어야 움직이고, 그 외의 것들은 엔진과 같은 동력장치를 가지고 있지요. 이처럼 정답

🔷 다양한 교통수단 중에서 다른 것 하나를 골라보자

은 다양하게 나올 수 있습니다.

좀 더 큰 아이가 조금이라도 독특한 점을 발견하면 "왜 그렇게 생각하니?"라고 물어보세요. 아이는 의외의 특징에 주목했을 수도 있습니다. 이유를 들으면 "그렇구나. 그렇게 생각했구나"라고 공감해주세요.

아래의 도형도 한번 살펴봅시다. 어떤 것만 무리에서 벗어났을까요?

⬡ 다양한 도형 중에서 다른 것 하나를 골라보자

  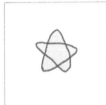

Tip   왜 그렇게 생각하는지 물어보세요.

어느 쪽이 한 무리일까?

'봉가드Bongard 퍼즐'은 '분류'를 테마로 한 퍼즐입니다. 분류에는 직감, 본질을 꿰뚫어 보는 통찰력이 필요한데, 봉가드 퍼즐은 바로 이러한 능력이 필요한 활동입니다.

간단한 봉가드 퍼즐을 만들어 아이와 함께 놀아보세요. 첫 번째 그림에서 왼쪽 그룹은 삼각형, 오른쪽 그룹은 사각형이 모여있는 것을 알 수 있습니다. 일부 그림은 검은색으로 칠해져 있거나 작게 그려진 것도 있지만, 분류와는 무관합니다.

가운데 그림에서 왼쪽 그룹은 부드러운 곡선으로 이루어져 있지만, 오른쪽 그룹의 그림은 각진 직선의 집합입니다.

이렇게 분류 기준을 말로 쉽게 설명할 수 있는 것부터 시작해 아이의 연령과 어휘력에 맞춰 조금씩 어려운 것에도 도전해 보세요. 단, 인터넷에서 찾을 수 있는 것들은 대부분 성인을 대상으로 한 것이기 때문에 아이에게는 너무 어려울 수 있습니다.

맨 아래 그림에서 왼쪽과 오른쪽 그룹은 모두 색으로 칠해져 있다는 점에서는 같지만, 왼쪽 그룹은 각각의 모양 안쪽이 다른 색으로 칠해져 있습니다. 어른들도 그 차이를 말로 표현하기 어렵기 때문에 아이들에게는 다른 모양을 그려서 보여주며 "이건 어느 쪽의 친구일까?"라고 물어보는 것만으로도 충분히 즐길 수 있습니다.

어떤 규칙으로 분류될까?

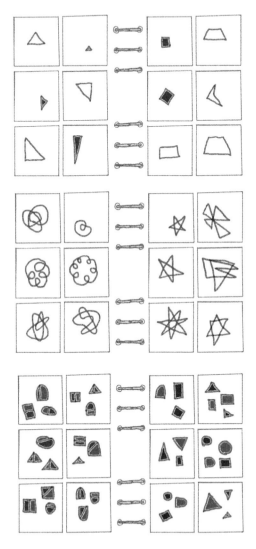

문학가가 강조하는 수학의 중요성

일본의 소설가 아쿠타가와 류노스케는 '문인이 되고자 하는 여러분에게'라는 제목의 글에서 문학가를 꿈꾸는 학생들에게 다음과 같은 말을 남겼습니다.

"문학가를 꿈꾸는 학생은 수학 공부에 힘써야 합니다. 그렇지 않으면 뇌의 이성적인 판단 능력이 저하돼 결코 뛰어난 문인이 될 수 없습니다."

또 이런 말도 했습니다.

"문학가를 꿈꾸는 학생들은 체육을 열심히 해야 합니다. 그렇지 않으면 체력이 약해져 정작 하고 싶은 일을 할 수 없게 됩니다."

"저는 중학교 시절을 최대한 활용하지 못한 것이 후회스럽습니다."

소설가에게도 작품을 쓰기 위해서는 논리적으로 생각하는 힘이 필요했을 겁니다. 물론 직업을 가진 사람이라면 누구나 할 수 있는 말이지만, 류노스케 자신의 경험을 바탕으로 한 것이기에 더욱 마음에 와닿습니다.

제 **4** 장

'생각하는 힘'을
키워주는 말

생각하는 힘을 키워주는 말의 힘

지금까지 수와 도형에 대한 관심, 규칙성을 발견하는 마음을 길러 주는 말하기에 대해 알아봤습니다. 이것은 모두 수학 능력의 기초를 다지는 데 매우 중요한 힘이 됩니다.

이번 장에서는 좀 더 넓은 범위의 '생각하는 힘'을 길러주는 말투에 대해 설명해 보겠습니다.

단순히 "생각해 봐라"라는 말만으로는 아이의 사고력을 길러줄 수 없습니다. 아이는 애초에 무엇을 생각해야 할지 모르기 때문이지요.

아이에게 '함께 생각해 보자'고 제안하는 시간은 매우 중요합니다. 아이에게는 생각하는 즐거움을 함께 나누는 것이 중요합니다. 아이가 잘 생각했을 때는 부모가 함께 기뻐하고, 생각이 부족할 때는 조금 더 생각해 보자고 독려해야 합니다.

이렇게 아이가 생각하는 즐거움을 체감하게 되면, 아이는 "내가 혼자서 해볼게"라고 말하기도 합니다.

이 단계에서는 스스로 생각할 수 있도록 응원해 주는 것이 매우 중요합니다. 틀렸을 때의 말투도 신경 써야 하지요.

정답에 만족하지 않고 관점을 바꿔서 답을 찾는 것도 중요합니다. 수학은 답이 정해져 있어 좋다는 사람들이 많은데, 이는 수학에 대한 편협한 생각입니다. 어릴 때부터 다양한 생각을 할 수 있는 유연성을 길러줘야 미래의 수학력으로 이어질 수 있지요. 생각하는 행위는 모든 활동의 기본이기에 대상도 방법도 다양할 수밖에 없습니다.

또한, 어려운 문제를 만났을 때도 바로 포기하지 말고, 할 수 있는 범위 내에서 생각해 보려는 태도를 길러주는 것이 중요합니다. 탐구심이 넘치는 아이는 사회에 나가서도 주변으로부터 호감을 얻을 수 있을 것입니다.

반복해서 말하지만, 수학에서의 '정답'은 정답이 아닙니다. 정답보다 오답이 더 가치 있는 경우도 있습니다. 제대로 된 근거를 가지고 생각했다면 답이 조금 이상해도 상관없다는 것이지요.

집에서 아이와 함께 다양한 실험을 해보시길 바랍니다. 아이에게 예측하게 하는 것이 이 책의 가장 중요한 메시지입니다. 아무리 작은 실험이라도 "어떻게 될 것 같아?"라고 물어보세요. 그리고 아이의 대답에 귀를 기울여 보세요.

"어떻게 하면 좋을까?"

함께
생각해 보세요

아이가 스스로 생각하게 하려면 어떻게 하는 게 좋을까요?

먼저, 아이 스스로 생각하지 않으면 한걸음도 나아갈 수 없는 상황을 만들어 줘야 합니다. 그리고 스스로 생각하기를 바라는 마음을 직접적으로 전달해야 합니다.

이런 상황은 일상 속에서 얼마든지 만들 수 있습니다.

예전에 한 카페에서 어린 소녀가 엄마에게 "자전거를 어디에 두면 되나요?"라고 묻는 것을 본 적이 있습니다. 이 질문에 '나라면 어떻게 대답할까' 생각하며 지켜보고 있는데, 그 엄마는 이렇게 말했습니다.

"어디에 두면 좋을지 스스로 생각해 보렴."

그 후로도 여러 가지 대화가 오갔습니다.

우선 카페 입구는 지대가 경사진 곳이라 가능한 한 평평한 곳에 세워야 낮은 곳으로 미끄러져 내려가는 것을 방지할 수 있었습니다. 또 통로가 좁기 때문에 통로 한가운데에 세우면 출입하는 사람들에게 방해가 될 수 있다는 점 등을 엄마는 하나하나 친절하게 설명해 주었습니다. 하지만 자전거를 어디에 세울지는 아이가 스스로 결정하도록 했지요.

바쁜 현대사회에서 아이에게 생각할 기회를 주는 것이 답답하게 느껴질 수도 있습니다. 그곳에 자전거를 세워본 적 있는 형, 누나에게 물어보는 것이 더 빠른 방법일 수도 있고요. 그런데도 왜 이 엄마는 "여기 세워라"라는 한 마디로 끝낼 수 있는 대화에 몇 분이나 시간을 할애한 걸까요?

엄마는 아이가 스스로 생각해 자전거 세울 곳을 결정할 수 있도록 배움의 기회를 제공하고 싶었는지 모릅니다.

"어떻게 하면 좋을까?"라는 말로 아이에게 판단을 맡기거나, "함께 생각해 보자"라는 말로 아이가 생각하는 시간을 가질 수 있도록 자연스럽게 유도하거나, 때로는 "스스로 생각해 보자"라는 직접적인 말 한마디가 효과적인 경우도 있을 것입니다.

이러한 말들은 난관에 부딪혔을 때 스스로 헤쳐나가는 힘, 즉 회복 탄력성이 되어 아이의 삶을 지탱해 줄 것입니다.

Tip   스스로 생각할 수 있는 시간을 제공해 주세요.

02 실패는 성공의 원동력

"한 번 더 고민했구나."

실패했을 때일수록
칭찬해 주세요

육아에 있어 칭찬의 중요성은 그동안 많은 사람들이 강조해 왔습니다. 아이에게 있어 신뢰하는 어른에게 칭찬을 받는다는 것은 자신의 존재를 인정받는 순간이기도 하지요.

칭찬을 많이 받고 자란 아이는 학교에 가서도 동급생과 잘 지내고, 동아리 활동에서도 후배를 잘 칭찬하고 이끌어 주는 선배가 됩니다.

아이가 무언가를 잘 해내거나 어려운 과제에 도전해 성공했을 때 칭찬하는 것은 어렵지 않습니다. "잘했어" "대단해" 등 그때의 상황을 말로 표현하는 것만으로도 칭찬이 될 수 있지요.

그렇다면, 아이의 노력이 잘 발휘되지 않아 실패로 끝났을 때는 어떻게 칭찬하는 것이 좋을까요?

저는 이런 경우 실패라고 인정하고, 그간의 노력을 평소에 칭찬해 주는 것이 좋다고 생각합니다.

평소 부모가 아이의 성격이나 행동을 잘 살피고 아이의 마음을 잘 이해하지 못하면 칭찬을 하기가 어렵습니다. 실패한 아이는 그저 자신의 억울한 마음을 알아주었으면 하는 마음일 수도 있지요.

결과가 성공이든 실패이든, 그 경험을 통해 아이가 무언가 배운 것이 있다면 그 점을 칭찬해 주어야 합니다. "열심히 노력했구나" "조금씩 결과를 내고 있구나"라는 칭찬으로 자신감을 심어주어 아이가 더욱 발전할 수 있도록 도와주어야 합니다.

　실패했다는 결과만으로 끝내는 것이 아니라, 어떤 부분은 노력한 만큼 인정받고 어떤 부분은 개선의 여지가 있는지를 아이가 자각할 수 있도록 부모가 도와주는 것이 중요합니다. 이를 통해 아이는 자신을 객관적으로 바라볼 수 있게 되고, 다음 행동 계획을 세우기 쉬워집니다.

　이제 시험에 대해 잠시 생각해 봅시다. 입학시험과 달리 학교에서 수업의 일환으로 실시하는 시험은 좋은 점수를 받는 것이 목적이 아니라, 수업에서 배운 내용을 얼마나 이해하고 있는지를 확인하는 것이 목적입니다.

　'좋은 시험'이란 정답을 맞히는 것이 그리 어렵지 않고, 수업 시간에 배운 내용을 얼마나 이해하고 있는지 확인할 수 있게 하는 시험입니다.

Tip 　결과에 구애받지 않고 노력한 것을 칭찬해 주세요.

생활 속에서 생각하는 힘 기르기

'생각하는 것'은 눈앞에 놓인 구체적인 문제를 해결하기 위해 두뇌를 활성화하는 것입니다. 그렇다면 아이의 생각하는 힘은 어떤 말을 통해 길러질 수 있을까요?

생각하는 힘을 기르는 데 가장 효과적인 방법은 부모와 자녀가 함께 생각하고 즐거움을 나누는 것입니다.

아이들은 누구나 자신의 머리로 생각하는 것을 좋아합니다. 하지만 성인이 되면 스스로 생각하는 것을 싫어하거나 귀찮아하는 경우가 많습니다. 왜 그럴까요?

원래는 생각하는 것이 즐거워야 하는데, 숙제나 시험문제를 공식에 대입해 기계적으로 푸는 게 익숙해지면서, 자신의 머리로 기본부터 생각하는 것이 귀찮아졌기 때문입니다. 이런 일은 점수로 평가받고 많은 과제에 쫓기는 학교에서 더 많이 발생합니다.

그렇기 때문에 초등학교에 들어가기 전부터 아이에게 생각하는 것의 즐거움을 적극적으로 알려주는 것이 필요합니다.

'생각하는 것이 즐겁다'는 것이 당연해지도록 일상생활에서 함께 생각하는 일에 참여할 수 있도록 해야 합니다.

"자, 이제부터 스스로 생각해 봐"라고 해도 아이는 무엇을 먼저 생각해야 할지 모르기 때문에 생각할 수 있는 무언가를 구체적으로 던져주며 아이가 생각하는 즐거움을 경험할 수 있도록 도와주어야 합니다.

집안일 돕기, 간단한 요리하기, 장 보기, 아기 돌보기 등 일상생활에 아이가 스스로 생각할 수 있는 과제는 얼마든지 있습니다. 생활 속에서 아이가 스스로 생각하지 않으면 한걸음도 나아가지 못하는 상황을 만들어 주거나, 그런 상황을 조용히 지켜봐 주면서 아이에게 생각의 즐거움을 알려주는 것이 좋습니다.

"다른 방법은 없을까?"

다른 답을 찾아보세요

 '생각한다'는 단어의 의미를 '그때그때 상황에 따라 목적을 달성하기 위해 최적의 행동을 취하는 것'이라고 조금 넓게 보면, 우리는 일상에서 끊임없이 생각하고 있음을 알 수 있습니다.

 계절의 변화, 그날의 날씨, 사회 시스템의 변화 등의 영향 속에서 최적의 해답을 찾아야 합니다. 오늘의 정답이 내일도 정답일 것이라는 보장은 없지요.

 그러니 상황이 바뀌어도 당황하지 않고 행동할 수 있도록 몇 가지 답을 준비해 두는 것이 좋습니다. 선택의 폭이 넓어지면 그만큼 최적의 행동을 취할 수 있는 확률이 높아지기 때문입니다.

 수학에서 답을 찾으면 끝이라고 생각하지 않는 것이 좋습니다. 답을 발견한 후에, 그 해답을 검토하거나 다른 답을 생각할 때 깊은 배움으로 이어질 수 있습니다.

 이렇게 정답은 아주 다양한 방법을 통해 얻을 수 있다는 것을 아는 게 중요합니다.

 예를 들어, 서울에서 부산까지 KTX로 갈 수도 있고, 비행기로 갈 수도 있습니다. 각각의 수단에는 장단점이 있고, 시간과 체력에 여유가 있다면 자전거를 타고 갈 수도 있다는 것을 어른들은 잘 알고 있습니다.

옆 동네까지 쇼핑을 하러 갈 때는 지하철을 타고 갈 수도 있고 버스를 타고 갈 수도 있습니다. 지하철이 더 빠르지만, 버스를 탈 때 걸어서 가는 거리가 짧다면 어느 쪽이 더 나을까요?

쇼핑을 할 때는 현금으로 구입해도 좋고, 카드 결제를 해도 좋습니다.

부모와 자녀가 조금만 대화에 신경을 쓰면 아이에게 문제 해결에 다양한 선택지가 있다는 것을 알려줄 수 있습니다.

저녁으로 무엇을 먹을지 이야기할 때, 늘 먹던 음식이 좋은지, 한 번도 먹어본 적 없는 색다른 음식을 먹어보고 싶은지에 따라 대답이 달라질 수 있습니다.

종종 교실에서 선생님이 문제를 내어 학생 중 누군가가 정답을 말하면 더 이상 생각하지 않는 아이가 있습니다. 그 아이는 문제에 여러 가지 정답이 있다는 것을 모르는 것이지요. 매우 안타까운 일입니다.

학교 선생님은 아이들이 정답을 말하게 하는 것이 아니라, 어떻게 생각해서 그런 답이 나왔는지에 대해 이야기할 수 있도록 해야 합니다.

이는 부모와 아이의 대화에서도 마찬가지입니다.

옆 동네로 쇼핑을 하러 가는 길에 대해 이야기한다면, "다른 방법으로는 어떤 게 있을까?" "옆 동네까지 걸어서 가는 건 어때?" "다른 방법은 없을까?" 등 다양한 질문을 던져보세요.

한 문제에 하나의 정답만 있는 것이 아닙니다. 답일지라도 거기에 이르는 길은 '정답'이 아닌 것이지요.

Tip   정답의 선택지가 다양하다는 것을 알려주세요.

"배우지 않아도 잘 생각만 하면
할 수 있어."

스스로 생각해 보세요

성실한 성격의 아이일수록 '빠지기 쉬운 함정'에 대해 이야기해 보겠습니다.

수학을 배우는 데 있어 올바른 순서가 있는 것은 아니지만, 처음부터 완벽하게 이해할 필요도 없습니다. 예를 들어봅시다.

한 초등학교 1학년 아이에게 4학년 사촌 오빠가 "2 곱하기 3은 몇이 될까?"라고 물었을 때, "곱셈은 아직 배우지 않았기 때문에 모르겠어"라고 대답했습니다. 정말 안타까운 일이지요. 그 아이는 학교 커리큘럼이 세뇌되어 있는 것입니다.

만약 부모와의 대화였다면 좀 더 유연하게 이어나갈 수 있을 것입니다. 아이가 '2×3'이라는 식을 처음 봤다면 "이 식의 의미가 뭐야?"라고 물을 것입니다. 이때 어른은 "이건 2 곱하기 3인데, 2가 3개 있는 거야"라고 가르치겠지요.

모르는 기호에 대해 가르쳐 달라고 할 권리는 아이 쪽에 있고, 그 의미를 직설적으로 가르치든 퀴즈의 형태로 알려주든, 가르칠 의무는 부모에게 있습니다.

아이는 "2가 3개 있는 건가? 그러면 2+2+2랑 똑같으니까 답은 6이야"라고 말할 수도 있겠지요. 아이는 곱셈 기호(×)의 의미를 몰랐을 뿐, 생각할 힘은 충분히 있었던 것입니다.

처음 보는 기호를 만났을 때, '배우지 않아서 모르겠다'고 스스로 마음의 문을 닫는 것이 아니라, '이 기호의 의미는 뭐야?'라고 도움을 요청하는 아이로 키우려면 어떻게 해야 할까요?

2×3이라는 식은 본 적이 없지만, 2+2+2라면 어떻게든 계산할 수 있습니다. 그리고 자신이 알고 있는 지식으로 문제를 풀었다는 경험은, 곤란한 상황에 직면하게 되어도 자신만의 방법으로 생각하려고 하는 회복탄력성으로 연결됩니다.

이런 상황에서는 "배우지 않아도, 생각해 보면 할 수 있어"라고 독려하듯 말해 주세요.

초등학교 1학년 수학에서는 먼저 덧셈을 배운 뒤 후반부에 가서 뺄셈이 나옵니다. 하지만 가정 내 대화에서는 뺄셈이 흔하게 나오기 때문에 가정에서 먼저 뺄셈을 공부해도 됩니다.

만약 아이가 "10 빼기 8이 무슨 뜻이에요?"라고 물으면 "10개에서 8개를 빼면 몇 개가 남지?"라고 물어보세요. 아니면 "8에 몇 개를 더하면 10이 될까?"라고 힌트를 말해도 좋습니다. 이렇게 답하면 아이는 덧셈을 알면 뺄셈도 할 수 있다는 것을 자연스럽게 알 수 있습니다.

학교에서는 한 자릿수 나눗셈을 배운 뒤 두 자릿수, 세 자릿수로 순차적으로 배워갑니다. 하지만 나눗셈의 사고방식은 한 자릿수나 세 자릿수나 마찬가지입니다. 아주 약간의 힌트를 주면 한걸음 더 나아가 생각하는 것이 가능해지지요.

　나눗셈은 뺄셈을 반복하기 때문에 조금은 어려울 수 있지만 반드시 답에 도달할 수 있습니다. 아직 한 자릿수 나눗셈밖에 배우지 않았다는 이유로 두 자릿수 나눗셈을 시도하지 않는 것은 안타까운 일입니다.

Tip 　　　　문제에서 실마리를 찾는 요령을 알려주세요.

05 빗나간 예상에 가치가 있다

"한번 예상해 볼까?"

다시 한번
생각해 보세요

아이가 무언가를 하려고 할 때 효과적인 마법의 말이 있습니다. 바로 "예상해 보자"라는 말입니다.

이 말은 아이가 어떤 문제를 풀려고 할 때, 실험을 시작하려고 할 때, 또는 계산을 하려고 할 때 등 어떤 상황에서도 유용하게 사용할 수 있습니다.

어떤 아이는 퍼즐을 보자마자 빨리 풀고 싶어 안달이 나기도 합니다. 아직 방법을 설명해 주지 않았는데도 갑자기 이것저것 만지작거리기 시작하는 아이도 있지요. 이때 게임의 규칙이나 실험 방법에 대한 설명과 함께 잊지 말아야 할 말은 "먼저 예측해 보자"는 것입니다.

아이는 예측을 함으로써 앞으로 일어날 현상에 대해 더 많은 관심을 가질 수 있고, 예상되는 상황에 대한 대비를 할 수 있습니다.

예측을 한다는 것은 근거를 가지고 생각한다는 것이기 때문에, 예측이 빗나갔을 때에도 왜 빗나갔는지 생각해 봄으로써 다음에 무엇을 해야 할지 정할 수 있습니다.

예를 들어 어떤 실험을 할 때 무작정 사실을 수집하는 것이 아니라, 배경이 되는 이론을 바탕으로 실험계획을 세우는 것, 즉 과학의 공통된 틀에서 사고하는 것에 한걸음 더 다가갈 수 있도록 도와주는 것입니다.

아무런 예상 없이 실험을 시작하면, 그 결과를 그저 받아들이는 수동적인 지식으로 전락할 수 있습니다.

반대로 예측을 한 뒤, 실험을 하면, 그 예측이 빗나가더라도 거기서 무언가를 배울 수 있습니다. 오히려 빗나간 예측이 더 도움이 되는 경우도 있습니다.

예측은 반드시 맞아야 하는 것이 아닙니다. '빗나간 예측이야말로 생각을 깊게 할 수 있는 기회!' 그렇게 생각하면 심리적 장벽이 조금은 낮아질 것입니다.

Tip 자신의 생각을 가지고 도전할 수 있도록 도와주세요.

점점 더 작아진다면?

아이는 매일 성장하고 있습니다. 아기인 줄 알았던 아이는 어느새 "너 몇 살이 야? 나는 곧 생일이야"라며 친구들과 수다를 떨 수 있게 되었지요.

아이가 성장함에 따라 아이의 마음과 인식은 어떻게 변화할까요? 아이의 마 음속에 있는 수학의 세계가 어떤 것인지 알아볼 수 있는 재미있는 실험이 있 습니다. 이 실험은 종이에 삼각형을 그릴 수 있는 아이라면 누구나 할 수 있는 실험이지요.

먼저 종이에 삼각형을 그린 후 "이 모양을 작게 만들면 뭐가 될까?"라고 물어 보세요. 그러면 아이는 "작은 삼각형"이라고 대답할 겁니다.

다음에는 작은 삼각형을 그리고 "이 모양을 더 작게 만들면 뭐가 될까?"라고 묻습니다. 그러면 아이는 "더 작은 삼각형"이라고 대답할 것입니다.

그러고 나서 더 작은 삼각형을 그린 뒤 "이 모양을 더더욱 작게 만들면 뭐가 될까?"라고 물으면 아이는 "더더욱 작은 삼각형"이라고 대답할 것입니다.

이제 종이에 작은 동그라미를 그리고 "이 모양을 점점 더 작게 만들면 뭐가 될까?"라고 물어봅니다. 그러면 아이는 "너무 작아서 보이지 않아요" "더 이상 원이 아니에요" "작은 점이 될 거예요"라고 대답합니다. 여기까지 왔다면 "그럼 이 점을 점점 더 크게 하면 뭐가 될까?"라고 물어보는 겁니다.

심리학 전문가들의 실험 결과에 따르면 대부분의 아이들이 "원래의 동그라미가 돼요"라고 대답한다고 합니다.

이것은 무슨 뜻일까요? 어른들은 도형을 축소하여 면적이 '0'이 되는 순간, 그 도형이 가지고 있던 형태라는 정보를 잃어버린다고 생각하는 것이 대부분이지만, 아이들의 인식은 그렇지 않다는 겁니다.

수학자들 중에는 아이들의 마음속에 이미 '무한소'의 크기를 가진 모양이 존재한다고 주장하는 사람들도 있습니다.

어쩌면 아이들은 사물의 크기와 형태를 서로 독립적인 특징으로 생각하고 있는 것일지도 모릅니다.

만 **2**세부터 시작하는 **수학력**

1판 1쇄 발행   2025년 5월 30일

저　　자 | 우에노 요시아키
감　　수 | 김태훈
발 행 인 | 김길수
발 행 처 | ㈜영진닷컴
주　　소 | ㈜08512 서울 금천구 디지털로9길 32
　　　　　갑을그레이트밸리 B동 10층 ㈜영진닷컴
등　　록 | 2007. 4. 27. 제16-4189호

©2025. ㈜영진닷컴

ISBN | 978-89-314-7821-1

YoungJin.com **Y.**
영진닷컴